徒手健身

男生版

不去健身房也能拥有好身材的秘诀

[韩]赵诚俊 著　　李舟妮 译

中国友谊出版公司

图书在版编目（CIP）数据

徒手健身 : 男生版 / (韩) 赵诚俊著 ; 李舟妮译
. —北京 : 中国友谊出版公司, 2021.1
ISBN 978-7-5057-5098-2

Ⅰ. ①徒… Ⅱ. ①赵… ②李… Ⅲ. ①男性—健身运动—基本知识 Ⅳ. ①G883

中国版本图书馆CIP数据核字（2021）第017045号

著作权合同登记号　图字：01-2020-7547

书名　**徒手健身：男生版**
作者　〔韩〕赵诚俊
译者　李舟妮
出版　中国友谊出版公司
发行　中国友谊出版公司
经销　新华书店
印刷　天津丰富彩艺印刷有限公司
规格　700×980毫米　16开
　　　　14.5印张　50千字
版次　2021年3月第1版
印次　2021年3月第1次印刷
书号　ISBN 978-7-5057-5098-2
定价　52.00元
地址　北京市朝阳区西坝河南里17号楼
邮编　100028
电话　（010）64678009

如发现图书质量问题，可联系调换。质量投诉电话：010-82069336

序｜赵诚俊

要想改变，就从现在开始！“说练就练，德斯朗”

德斯朗运动项目始于6年前。当时，28岁的我已经从事健身训练有一段时间了。有一天，我无意中从报纸上看到这样一个数据：在韩国，只有经济收入排在前10%的人才有时间去健身房，只有1%的人负担得起健身私教的费用。这些数据让我的内心久久不能平静。我不禁暗自思索——我能为剩下99%的人做点什么呢？我能否创建一套无须去健身房也能学习的运动教程，让所有热爱运动却因价格而望而却步的人也获得同样的锻炼机会呢？这一想法，成了我过去6年奋斗不息的原始动力。

一开始，面对编写教程这件事我简直毫无头绪。因为我无论是在写作还是电脑操作上都只能算是初级水平。再加上经济窘迫，我不得不一边做健身教练赚钱，一边利用业余时间努力钻研。

就这样，我开始一点一点编写德斯朗运动教程。我除了授课和研究教学之外，还要自己负责拍照、视频录制和上传等各种工作。我也希望可以请到专业的摄影师和编辑来帮忙，但是显然我没有那个经济能力。那段时间里，我前所未有地拼命。每当忙碌的工作日结束，我就会抓紧周末的时间疯狂地学习摄影、编辑相关知识。

如今回过头看，我竟然觉得那些事情做起来一点也不难了。也许，这就是努力学习的收获吧？现在，我已经可以轻轻松松地

独立完成各种视频的编辑和制作了。

从这段经历中，我深刻地领悟到了一个道理，那就是不论任何事，只要想做，就要努力去做——“只有行动，才会成功”。

当德斯朗系列教学视频积累到一定量之后，我便在NAVER网站（韩国搜索引擎和门户网站）上开设了名为“德斯朗赵诚俊”的博客。随着博客知名度的提高，越来越多的人加入德斯朗训练之中，并因此而获得积极的改变。每当看到读者充满感激之情的留言，我的内心就充满了幸福与满足感。

粉丝的支持成了我不断前进的动力。我希望拍摄更多高质量的健身视频，让更多人从中获益。而要达成这一目标，我必须让自己更专业，且保持更完美的身材。

在研究德斯朗运动之前，我也是靠传统负重训练来塑身的。因此，要设计全新的无器械徒手健身教程，一切必须从头开始。在经过无数次的挫折与磨炼之后，我终于通过自己研发的教程拥有了比从前更好的身材，证实了“德斯朗运动”的有效性。6年时间就这样在充实的忙碌工作中过去了。如今，我终于可以充满自信地向别人介绍凝聚了我无数心血的成果——德斯朗运动系列教程了。

本书共分为三章。第一章介绍了徒手运动的基本概念与我个人的经验。第二章则详细介绍了德斯朗运动的总体概况和各种局部塑身训练。在这一章里，我选择了那些最重要、最有效的动作作为教学内容。

同时，我还在网站上不断更新各种动作的衍生动作和升级版本，以满足更高级学习者的需求。第三章则汇集了我从事教练以来最常被问到的问题及广大健身爱好者最为关心的问题，我将以个人经验为基础对这些问题进行逐一解答。

最后，我还有一句话想对本书的读者乃至所有健身爱好者

说，那就是——“运动应该是一项持续终生的课程”。对于那些想在短时间内塑身成功的人，我从来都不予理睬。如果你希望通过本书所教授的内容速效塑身，那我只能劝你趁早死心。健身这件事，最少也必须坚持两年！我只愿意带领那些肯坚持、能努力的人共同进步。德斯朗运动不依赖器械和任何药物，仅仅靠饮食控制和身体来完成，所需花费的时间注定会比较长。但作为作者，我可以自信地说，它比任何运动都更安全、更扎实、更有利于塑形。我再强调一遍，只要你跟随我一起训练，并坚持至少两年，就一定可以拥有和我一样的好身材！如果没有，那一定是你的饮食控制没有做到位。

如果我没有当初那一股想做就做的傻劲，就没有今天这本《说练就练——德斯朗运动教程》的问世了。希望每一位读者都记得：如果你想要拥有令人羡慕的好身材，就要立刻开始行动！别再犹犹豫豫、瞻前顾后了，只要投入两年的时间，你就可以完成华丽的变身！

要想拥有好身材，就从现在开始努力吧！

“说练就练，德斯朗。”

赵诚俊

推荐语

这个方法真的可以让我彻底痊愈吗？

我是一名研究肌肉骨骼疼痛治疗的专家。

我每天的工作，就是为患者制定各种减缓疼痛、恢复身体机能的治疗方案。而我每次向患者介绍治疗方案时，他们都会这样问：

“这个方法真的可以让我彻底痊愈吗？”

自然，作为医生，我们都希望患者可以通过现有的治疗手段摆脱疼痛。但很遗憾，目前尚没有一种方法可以彻底治愈并预防疼痛的再次发生。现有的治疗手段，比如韧带强化注射、新生治疗、推拿按摩等均有一定的疗效，但绝非永久。这是因为我们的身体组织随着年龄的增长总是会不可避免地出现老化现象。

因此，即便是那些通过治疗疼痛指数降为0的患者，也极有可能会重新回到门诊来看病。那么，究竟怎样才能让治愈的患者不再复发呢？或者说怎样才能彻底远离肌肉骨骼疼痛呢？我只能说一句人人都听过的老话——“坚持运动”。

接手的患者越多，我越发对运动的疗效深信不疑。运动不仅可以延缓身体组织的退化现象，还可以强化肌肉骨骼，使我们的身体更加健康结实。举个例子，最为常见的腰痛患者可以通过运动来强化脊柱周围的竖脊肌、支撑盆骨的臀部肌、腰部前侧的腹肌，从而显著减少腰痛复发的可能性。那么，既然运动如此重要，究竟应该怎样进行呢？在医院，你可以通过一些运动的替代方案进行治疗，如注射、按摩等，但它们并不能从根本上改善你的身体状况。

真正的治疗应该是从你走出医院、开始运动的那一刻才开始的。而最重要的运动就是有规律的肌肉运动。

其实医院里也有运动疗法。但这种运动是以缓解疼痛、恢复正常生活为目的的，运动强度有限，动作幅度的要求也以保证安全为前提，只能算是比较基础的运动。

如果你的目标是获得更强劲的肌肉，从此远离病痛，那么你就需要进行一些强度更大的运动了。在完成高强度的运动之后，你可能会感到肌肉酸痛，但这种酸痛是由毛细血管的破裂新生引起的，属于正常现象。只有经历过这种酸痛，肌肉的厚度和力量才会逐步增强。因此，我们甚至可以说，没有引起酸痛的运动并不能算合格的肌肉强化运动。用一句赵诚俊教练最常说的话来讲，就是“No pain, no power.”(没有痛苦，就没有力量。)

不过，如果是在器械训练或负重训练时因负重过大、用力方式错误而导致的疼痛，就不是正常的肌肉痛而是运动性负伤了。要避免运动性负伤，最好的办法就是进行徒手训练。因为我们在做徒手训练的时候可以充分感知到身体的控制能力和承受范围，受伤的可能性自然会大大减少。作为一个徒手训练的长期实践者和疼痛医学专家，我负责任地向所有想要开始运动的人推荐本书。很多人迟迟不开始运动，有一个很大的原因就是缺乏足够的意志力。赵诚俊教练在鼓励学员坚持运动这方面，可谓是方法独到、经验丰富。即便你没有听他讲课，光是看看他那副身材，就足以燃起充分的运动热情了。

关于疼痛的问题，我的回答永远都是一样的：

“如果感觉不舒服，就去正规的医院接受诊断和治疗，然后好好休息吧。等休息完之后，就该开始运动了！”

多那恩麻醉疼痛专科医院 林兴舜院长

CONTENTS

目 录

徒手运动

徒手运动应该这样开始 | 002
徒手运动可以让你拥有最自然、
最健康的身体 | 006
徒手运动与器械训练、
负重训练的区别 | 010
为什么必须长期坚持肌肉训练 | 012
运动能力测试和个人运动方案的制订 | 014
动作越标准，效果越显著 | 016
找到适合自己的运动呼吸法 | 017
不可忽视的伸展运动 | 018
热身运动的重要性，
再怎么强调也不过分 | 020
别忘了，休息也很重要 | 021
要想增肌减脂，
就必须做好饮食控制 | 022
将自己运动的样子拍下来 | 023

说练就练，德斯朗

第 **1** 章 | 伸展运动 | 026
第 **2** 章 | 德斯朗基础训练 | 036
第 **3** 章 | 德斯朗俯卧撑 | 042
01 跪姿波浪式俯卧撑 | 044
02 跪姿直式俯卧撑 | 046
03 踮脚尖波浪式俯卧撑 | 048

04 踮脚尖直式俯卧撑｜050
05 窄距俯卧撑｜052
06 宽距俯卧撑｜054
07 手与肚脐呈水平的俯卧撑｜056
08 手肘贴地的俯卧撑｜058
09 拜日式俯卧撑＋前推｜060
10 动态俯卧撑｜062
11 倾斜式俯卧撑｜064
12 上身倒立俯卧撑｜066
13 面靠墙倒立｜068
14 背靠墙倒立｜070
15 面朝墙倒立俯卧撑｜072
16 背朝墙倒立俯卧撑｜074
17 背朝墙倒立俯卧撑升级版｜076
18 面朝墙倒立俯卧撑升级版｜078
19 自由倒立及自由倒立俯卧撑练习｜080

第 4 章 ｜德斯朗引体向上｜082

01 悬吊2分钟｜084
02 跳跃上拉｜086
03 跳跃上拉并保持｜088
04 上拉20次｜090
05 引体向上贴肚脐｜092
06 引体向上 ｜094
07 单手引体向上热身｜096
08 阿切尔引体向上｜098
09 打字机引体向上｜100
10 单手引体向上｜102

第 5 章 ｜德斯朗高低杠｜104

01 跳跃垂直撑杠｜106
02 跳跃垂直撑杠并保持｜108
03 垂直撑杠半俯身｜110
04 垂直撑杠并俯身｜112

05 向前俯身撑杠半动作 | 114
06 向前俯身撑杠全动作 | 116

第 6 章 | 德斯朗下肢运动 | 118
01 半深蹲 | 126
02 完全深蹲 | 128
03 负重深蹲 | 130
04 跳跃深蹲 | 132
05 负重跳跃深蹲 | 134
06 高弹跳深蹲 | 136
07 跳跃深蹲+膝贴胸 | 138
08 弓步 | 140
09 跳跃弓步 | 142
10 手枪深蹲 | 144
11 负重手枪深蹲 | 146

第 7 章 | 德斯朗腹肌运动 | 148
01 卷腹（大腿、耳侧、伸直手臂） | 150
02 双侧轮流卷腹 | 152
03 屈膝单腿抬起 | 154
04 屈膝双腿抬起 | 156
05 直腿单脚抬腿 | 158
06 直腿双脚抬起 | 160
07 屈膝卷腹碰膝 | 162
08 卷腹+屈膝抬腿 | 164
09 单手卷腹+单腿抬起 | 166
10 单侧抬腿 | 168
11 卷腹状态下直腿抬腿 | 170
12 平板支撑左右抬膝 | 172
13 手肘平板支撑左右抬膝 | 174
14 直腿起身碰脚尖 | 176
15 V字形上举 | 178
16 单杠悬吊抬膝 | 180

17 单杠悬吊两侧抬膝 | 182
18 单杠悬吊抬脚尖 | 184
19 龙旗单脚 | 186
20 龙旗屈膝 | 188
21 龙旗双脚 | 190

第3部分

赵诚俊答疑时间

动作次数与课程安排有何讲究？ | 194
怎样解决运动导致的手腕、
膝盖等关节处疼痛？ | 196
身体重心倾斜，
力量总是集中在单侧如何是好？ | 198
如何制订适合自己的饮食控制计划？ | 200
引体向上可以一口气做25个，
为什么不能做双立臂动作呢？ | 202
“瓶颈”期是怎么回事？如何克服？ | 203
真的有必要斤斤计较卡路里吗？ | 204
暴饮暴食之后
可以靠有氧运动来补救吗？ | 205
究竟是运动重要，还是饮食控制重要？ | 206
真的有百试百灵的饮食
控制法和减肥食谱吗？ | 208

第1部分

徒手运动

徒手运动应该这样开始

我从小就热爱运动，高中毕业后顺理成章地考入了韩国中央大学体育系。服完兵役返校之后，我正式踏上了健身之路。在刚开始的两年时间里，我每天与志同道合的学长学弟们一起努力运动，并坚持严格的饮食控制，一天也不曾放松。那股劲头回想起来简直让今天的我自叹不如。慢慢地，我参加的比赛越来越多，一路从校内走到校外，又到了全国。终于，在2006年“韩国春季健美大赛”上我获得了轻量级（小于70kg）冠军的好成绩。

当时，我每天要吃10块鸡胸肉外加蛋白粉、支链氨基酸粉、谷氨酰胺、氨基酸等许多营养补充剂。而所有这些花销，都是靠我打零工来支撑的。因此，我除了运动和打工之外，几乎没有时间也没有经济条件做任何别的事情。在完成最后一次比赛之后，我清楚地意识到自己在健身运动员这条路上已经走到头了。因为要想在接下来的比赛中取得更好的成绩，就必须注射激素药物。可我一方面没有足够的财力支付高昂的药物费用，另一方面也不希望自己在类固醇的作用下变成一个健硕无比的“肌肉怪物”。尽管周围不少人都劝我坚持下去，我依然没有改变心意。就这样，我毅然决然地退役了。可不久之后，我就发现自己的身体出现了一些异样。我变得嗜睡、精神不振，终日昏昏沉沉。母亲看在眼里急在心里，终于还是带我去了医院。

检查结果让当时的我深深震惊了（虽然现在看来那简

直是理所应当）。原来，由于长期蛋白质的过量摄入，我的身体早已不堪重负，尤其是肝脏因为长时间的超负荷运转，已经有肝硬化的危险。于是，我赶紧听取医生的建议，将每天10块的鸡胸肉缩减到了1块，营养补充剂更是全部停掉了。

不久之后，还在读大三的我幸运地被首尔江南地区的一家健身房聘为教练。在学校的支持理解之下，我原本可以坚持一边上学一边工作，但身体状况却不允许了。原来，健美选手时期的我一直保持着80kg左右的体重，随着蛋白质摄入的大量减少和营养补充剂的中断，体重一下子就回到了62kg。原本从父母那里得到的纤瘦型身材，又重新回到了我身上。这次“打回原形”的经历，成了我探索徒手运动的契机。

我开始思索，如何才能不靠药物、大量鸡胸肉和器械，仅仅靠自己的身体来练就好身材呢？

我想起了自己服役期间的经历。“在军队里，大家不就是什么器械也不用，就这么训练吗？”

不知道现在的军队里情况如何，反正在我服役的时候，普通兵几乎是没有机会去锻炼室练器械的。所以，我只能抓着厕所的马桶边缘来练习俯卧撑。在退伍前的最后一年里，我每天要做宽距俯卧撑600个，引体向上100个，外加很多见缝插针完成的深蹲。虽然当时的我已经考入体育系，但在第一学年里并没有学到多少东西，所以，我几乎是靠自己的摸索来完成训练的。

我以这段经历作为参考，开始探索全新的健身之路。坚持几年之后，我抱着检验成果+好玩的心态，重新参加了韩国中央大学体育系的入学测试。

没想到，我的立定跳远成绩达到了300cm，比大学的满分要求285cm还要超出一大截。而我的立定跳高成绩是85cm，这与我刚入学时的成绩相比足足提高了10cm。

虽然这段经历已经过去了15年，但每次想起依然让我倍感自豪。因为，这是我通过自己的运动方式获得进步的最好证据。

就这样，我的体能越来越好，身材也越来越趋于完美。如今，我有了一套完整的自创健身体系，又运营了属于自己的健身工作室。我始终坚持一个原则，那就是如果有学员一来就提出想通过药物在短时间内健身成功，我就会毫不犹豫地关门送客。因为我相信，只有认可健康的健身方式并具备正确健身态度的人，才能在这条路上越走越远。

只有面对那些愿意采用自然方式训练并有毅力坚持两年以上的学员，我才会将所学倾囊相授。

凭借过量的蛋白质、药物和营养剂打造出来的身材总是很相似，因为它们都是人工而非自然的产物。而靠徒手运动练就的身材则可谓是千差万别。因为每个人的体质特点、生活习惯都不同，所以即便是做同一种徒手运动也会练出完全不一样的好身材。无论你是天生健壮还是瘦弱，不论你从父母那里遗传到了什么样的身体，你都能通过徒手运动获得对你而言最合适、最完美的身材。

在第二章中所介绍的徒手运动，是我根据自己10年来两万五千多个小时的PT课程经验精心挑选而出的经典动作。只要你按我说的去做，就一定能获得理想的健身效果。如果你对运动充满热情和学习欲望，却受经济条件所限不能去健身房，那么选择学习这套动作就没错了。只要你有决心、有毅力，就可以在任何时间、任何地点展开学习。如果说德斯朗教程的出版已经使我5年前立下的心愿得以实现，那么在接下来几年里，我的奋斗目标就是让这套教程更加完善。

不论你是男是女，想要活得更健康、更自信，都必须将运动作为一项持续终生的课程。

只要你不骄不躁，带着坚持一辈子的决心跟随德斯朗教程来学习并做，就一定能收获梦寐以求的好身材。这一点，我可以拍着胸脯向你保证！

徒手运动可以让你拥有最自然、最健康的身体

在SNS（社交服务网络）上，我经常收到关于如何通过运动改善身材缺陷的提问。可以说，这类提问在问题总数中占到了一半以上。而我首先想说的是，我给出的答案并不是真理，只不过是作为健身教练的经验所得。

我们现在所拥有的身材，一方面是遗传的产物，另一方面也是自然生长的结果。身体发肤，受之父母，这是我们不可改变的事实。以我自己为例，我从父母那里得到的是一副骨骼纤细的身材，腿比较短、脖子和腰比较长，19岁发育期结束时身高为176cm，体重为58—59kg。

以健身教练的角度来看，人的体形不外乎分为两大类：第一类是天生纤瘦型，第二类是天生肥胖型。大部分纤瘦体形的人几乎全身都瘦，希望通过运动来增加一些肌肉。而天生肥胖型的人，体形则要多样得多。有下肢肥胖型、上肢肥胖型、全身肥胖型、不胖但全身松垮型，等等。总的来说，每种体形的人在健身的路上都有自己的优势和劣势。

如果你和我一样是纤瘦型，那么要想拥有漂亮健康的好身材，就得养成以蛋白质为主的饮食习惯，并坚持运动。如果你是与之相反的肥胖型，要想减掉脂肪拥有好身材，同样需要在饮食中强调蛋白质的摄入，并坚持运动。

如此看来，增肥与减肥岂不是同一回事？虽然这个结论让人难以置信，但事实还真是如此。

不管你是与肥胖作斗争还是试图战胜纤瘦基因，到头来都只不过是在与食物作斗争。而运动，则是不论如何都应该纳入日常生活的一种习惯。我这么说，你可能会觉得减肥的人真痛苦、增肥的人好幸福，但事实上大家各有各的苦。想增肥的人食量小，要养成定时增量的饮食习惯绝非易事。而想减肥的人想要减少食量，更是需要忍受巨大的痛苦。

对于刚开始运动的人，我总是会说这样一句话："不要指望短时间内解决问题。"如果一个身体问题可以在几个月内轻松解决，那它就不能称之为问题了。你应该首先正视问题，再准备好充足的决心和毅力，才有可能真正地战胜它。

无论天生体形如何，要想保持好身材都必须长期付出大量的努力。有一些人可能会说了——我天生瘦啊，怎么吃也吃不胖。即便如此，等你过了30岁也会因为新陈代谢减缓而无法继续保持纤瘦。而肥胖型的人，原本就因为过量的刺激性食物摄入和高于正常量的食量而满身肥肉，塑身难度更是可想而知。不要以为我要保持身材就很轻松。作为一个35岁的中年人，我一旦放弃运动和饮食控制超过两个星期，肚子上的巧克力腹肌就会完全消失。

如果你已经加入德斯朗训练有一段时间，应该知道我也是通过德斯朗训练才拥有现在的好身材的。我和大家没什么不同，也是必须每天与天生的纤瘦型身材作斗争。我如果停下来，就会重新变成一根瘦竹竿。

我们的身体就像一部设计精妙的机器，每一个部位都如齿轮般环环相扣。如果你仅仅对某个特定部位进行锻炼，是绝对无法让整个身材好起来的。不要为了尽快拥有宽厚的肩膀而狂练肩部运动，那样只会让你得不偿失。让你的全身都一起动起来吧，只有这样，才能更快练就好身材。

无论你是想瘦还是想壮，运动的方法大致一样。而最重要的就是两个字——“坚持”。

运动不应该是你为了练出好身材而临时采取的手段，而应该是你终生保持的好习惯。同理，饮食控制也应该完全融入你的日常生活。如果你总是拼命减肥塑身又拼命放肆吃喝，来回几次就足以让你的身体失去控制。所以，不要急功近利，一定要将运动当作一门人生功课，去一步一步慢慢完成。你不妨经常浏览我的博客和Facebook（脸书）主页，不断学习关于运动的新知识。此外，你还应该多尝试不同的食物并记录，以便养成最适合自己的饮食控制习惯。到最后你会发现，所有畅销书和运动课程都只不过是别人的经验之谈，绝非真理。你真正需要做的是以各种外界资料为参考，书写属于你自己的运动教程！总有一天，你会成为自己的私人健身教练。

运动是从你感到辛苦的那一刻开始的。在我看来，在感到辛苦之前的运动都不能称之为运动，只能叫作劳动。只有感到辛苦，你才能获得进步！

让我再强调一遍，我们的目标是——慢慢地、有条不紊地坚持两年时间！与我们漫长的人生路相比，两年并不算长。就让我们为了自己，好好努力一次吧！本书将带领你从初学者逐渐进阶为运动高手。请相信我，跟着我一步一步向前走。别忘了，重要的不是动作的数量，而是动作的质量。这也是我为什么没有规定每个动作的练习次数的原因。你可能是第一次运动的新手，也可能是运动了好几年的老手，每个人的经验、体力都不同，需要的训练安排也不同。这一切，都需要你自己通过本书去解决。

在开始阶段，我们最重要的任务是增强体力，所以一定要好好完成基本训练。记住，一定要在感觉坚持不下去的时候再努力多做那么一两个。从感到辛苦的那一刻开始，咬紧牙关、拿出吃奶的力气，继续坚持！只有战胜了自己，才能顺利进入下一阶段的学习。这样每天坚持下去，总有一天你会发现自己已经变成了一个全新的人。不要急于求成，慢慢地、一点点地来。两年之后你就会发现，你比想象中的自己更棒。

徒手运动与器械训练、负重训练的区别

总体而言，徒手运动比器械训练、负重训练更安全。说到安全，你可能还有些不以为然，普通的运动而已，哪里有什么不安全呢？但事实上，如果缺乏正确的运动常识和对自己身体的充分了解，运动受伤是极容易发生的事。器械和负重训练尤其容易超负荷，从而导致韧带和关节受到伤害。徒手运动则不同，它是以自身的肌肉与关节力量为支撑，安全性很高，除非你本身身体有问题，否则几乎不会有受伤的危险。

光靠徒手运动，也是可以练出好身材的。即便达不到施瓦辛格的程度，也可以与赵诚俊相当。我就是最好的例子，我所带领的广大德斯朗学员同样可以做证。由于我长期坚持低碳水化合物，每天蛋白质不超过200g的饮食控制，目前体重保持在64kg。如果你希望拥有比我更健硕的身材，就在此基础上增加食量即可。

徒手运动看上去简单，实际上却没那么简单。但它的运动效果绝对超乎你想象。其中俯卧撑可能是最被轻视的运动。如果你严格按照我的要求去做，就会发现做50个并没那么容易。

至于引体向上，那就更难了。但它在锻炼背部肌肉和肩部肌肉上的效果，绝对比任何拉举器械、硬举动作的效果都要更快、更好。不少人都因为它太辛苦而选择放弃，实在是太可惜了。

器械训练时，我们将身体完全交付给器械，在既定范围内用自身力量与器械的力量相对抗。它的好处在于，可以任意调节力量范围，有助于打造大块肌肉。但由于它的力量设置总是有一个固定值，并不能充分使用到身体的所有肌肉群，而且长时间反复做同一个动作，难免比较枯燥。与之相反，徒手运动没有限定的力量范围，可以充分调动身体的深层肌肉，使得肌肉线条更鲜明、更漂亮。另外，器械和负重训练时因贪多贪重而导致受伤的情形并不鲜见。而徒手运动完全借用自身重力，受伤的风险很小。同时，徒手运动时我们必须为了保持身体的稳定性而全身均匀用力，这对于恢复和增强身体的平衡性有莫大帮助。如果说徒手训练还有什么缺点，那就是它的效果会来得比较慢。毕竟它是靠自重来完成训练的，其力量范围不可能超越体重，强度始终有限。但徒手运动的姿势多样、趣味性强，即便你多花一些时间去做也不会觉得无聊。所以，总体而言，徒手运动的优势还是十分明显的。

为什么必须长期坚持肌肉训练

有一定运动经验的人，都懂得“健身好比吹气球”这个道理。有的人花一年时间完成了痛苦的饮食控制和锻炼，好不容易有所成效，便想着“应该可以放松了吧？”于是好身材又毁于一旦。每当我看到有会员开始懈怠时，并不会苦口婆心地劝说，而是等着看他们品尝失败的苦果。失败，也是作为健身者必须通过的一道关口、一场试炼。你可能会好奇，花一年时间辛苦练就的身材需要多长时间才会消失？据我所见，最多只需要两周。所以，我经常把塑身比作吹气球，吹起来很不容易，瘪下去却是分分钟的事情。这个道理，同样适用于已经健身超过15年的我。别看我身上的肌肉那么结实有力，只要我稍微放松一点，它们就会迅速被水分和脂肪所取代。

根据2015年美国杜克大学、英国伦敦国王学院、以色列海布勒大学共同参与的研究显示，人类的衰老平均始于26岁。这个数字是不是比你想象的还要早？如果在衰老开始之后，你依然按照从前的食量进食，每年就会减少约1kg的肌肉，增加约1.5kg的脂肪。所以，自衰老之日起，原地踏步就成了一种退步，当你惊觉自己身材走样时，一切已经太迟了。再加上忙碌的你总是被工作、生活重重包围，根本无暇关照自己的身材，于是便只能在自暴自弃的路上越走越远。要预防这种现象发生，最好的办法就是，在衰老到来之前就进行科学的肌肉锻炼和系统的饮食控制，使身体始终保持在一个良好的状态。但大部分人做不到。

还好，现在我们还有补救的办法。既然基础代谢量已经下降，我们就采取人为的方式来提升它，再通过运动消耗多余的热量。这就是我们强调要长期坚持运动的原因所在。不论你平时的运动习惯如何，基础代谢量如何，只要你放弃运动，就会在2—8个月的时间回到完全不运动时期的身材。仅仅需要两周的时间，你就可以通过自己的眼睛看到体内脂肪增加的事实。如果在放弃运动的同时还暴饮暴食，那结果真是想都不敢想了。所以，运动绝不应该是为了夏天秀身材而采取的策略，而应该是持续终生的一门功课。为了未来漫长一生的美好，先试着坚持两年时间吧。通过两年的饮食控制和运动，你身上的赘肉会消失不见，你的肌肉会变得更加结实有力，你的身材会变得让人羡慕，而你自己早已将运动变为一种习惯，几天不运动你就会感到浑身不舒服。到时候，你会因为害怕回到从前而自觉地努力运动并控制饮食，这就是最好的结果。

运动能力测试和个人运动方案的制订

首先，请你将第二章所教授的俯卧撑、引体向上、深蹲、卷腹、高低杠基础动作试做一遍，并将结果记录在你的运动日记第一页上。就我个人而言，更喜欢将运动日记写在笔记本上，而不是记在手机软件或电脑里。因为亲笔写下的文字与打印出来的文字不同，有一种独特的亲切感，令人每次翻看都能瞬间回到当时的感觉。

那么，运动方案究竟应该如何制订呢？其实很简单。如果你有条件每天运动，那就每周休息一天。我自己的情况是一周锻炼4—5天。有时候事情多，也可能只锻炼3天。既然已经把健身当成一项终生事业，就不必强求自己一天不落地坚持了。当然，如果你有时间的话，最好还是坚持每天30分钟的锻炼。只要你长期坚持，并有计划地展开训练，一定会在某一天惊喜地发现自己已经拥有了梦寐以求的好身材。本书将所要讲授的动作分为了5大类，每一类由简至难难度递增。通过本书，你将学习到从入门到中、高难度动作的所有内容。你应该根据自己的水平和塑身需求，来选择合适的动作进行每日训练。不要一开始就练太难的动作，先从最简单、最基础的开始。这样，你既不会感到太辛苦，也可以保持进步。如果你一味追求高难度，你的锻炼就成了一种辛苦劳作，而非真正的运动。一开始，你可以从5类动作中各选择一个动作进行练习，等体能增强之后，再增加动作和练习次数。在这里我必须强调一点，那就是不要为了达到动作量和训练次数而以次充好。

每一天的训练都应该一丝不苟，认真检讨昨天的不足之处，争取今天更进步一些。只有这样，才能变成更好的自己。

最后，还有一点不能忘！那就是不要因为锻炼之后的肌肉酸痛而中断训练。战胜疼痛，是拥有好身材的第一步。

运动测试及等级划分标准

	项目	初级	中级	高级
1	踮脚尖直式俯卧撑	只能做10个以下	可以做到30个	可以做50个以上
2	引体向上——上拉	只能做5个以下	最多可以做15个	可以做20个以上
3	高低杠——跳跃垂直撑杠	只能做10次以下	最多可以做20次	可以做30次以上
4	下肢运动——完全深蹲	只能做30次以下	最多只能做60个	可以做100个以上
5	腹肌运动——卷腹	只能做20个以下	最多可以做40个	可以做60个以上

动作越标准，效果越显著

在进行体能测试时，请务必按照本书的动作要求来完成，并如实记录结果。比如，假设你做了10个俯卧撑，但只有前2个动作是标准的，后面8个不是腹部着地就是屈肘了，那么最终记录时就只能写2个而不是10个。不论做任何动作，最重要的都不是动作次数，而是完成的标准程度。在第二章里，我列举了许多德斯朗运动习练者在训练过程中经常犯下的错误及各种注意事项。请一定要仔细阅读，并提醒自己尽可能按照标准去完成动作。否则，不仅运动效果大打折扣，甚至还会有受伤的危险。在正式开始德斯朗训练之后，也要记得切勿贪多，将注意事项和错误示范牢记在心，认真跟着正确示范去做。只有这样，才能使运动更安全、更有成效。

找到适合自己的运动呼吸法

在做肌肉运动时，一定要注意呼吸方法。

我个人认为，正确的呼吸方式是在用力时吐气。这个方法是由我多年的运动实践和教学经验所得出的。在吐气过程中，腹部的压力增加，从而帮助身体力量增强。一般来说，除了拉伸运动之外，大部分运动都可以采取用力时呼气的呼吸方式。做拉伸运动时，则应在身体舒展时呼气。另外，注意不要养成在感到费力时憋气的习惯。这种习惯有个专业的称呼，即“瓦尔萨尔瓦呼吸法”。它会导致氧气供给不足，从而影响肌肉的正常恢复、阻碍血液循环，使人更容易产生疲劳感。因此，在运动时应尽量避免憋气，始终保持顺畅的呼吸。但如果运动强度太大，无法控制呼吸也是难免的事。总而言之，你要多尝试不同的呼吸方法，找到最适合自己的一种。要记得，运动呼吸方式没有对错之分，只有适不适合。

不可忽视的伸展运动

“柔韧性”一词在词典中的解释为“人体关节活动幅度及韧带、肌肉、皮肤等组织的弹性和伸展能力”。在做运动的时候，身体柔韧性发挥着举足轻重的作用。一方面，它可以使我们运动更自如，有效延缓疲劳的发生；另一方面，它还能在身体运动幅度过大或遇到突发状况时起到减缓冲击的作用，从而保护我们的身体安全。例如，假设我们在倒立状态下突然跌落，柔韧性好的人可以瞬间转身向侧面倒地，柔韧性不好的人则无法在这么短的时间里扭转身体，只能直接让背部着地，从而导致身体受伤。柔韧性的好与坏，不应该完全以身体柔软度为衡量标准，而应该将敏捷性与灵活性也考虑在内。要增强身体的柔韧性，就必须经常做各种伸展运动。伸展运动不仅能放松肌肉、增强柔韧性，还可以起到锻炼和增强肌肉的作用。

那么，伸展运动究竟要做到什么程度才算合适呢？很简单，做到自己的极限。举个例子，假设我们现在坐在垫子上双腿张开，做向前俯身的动作。当你俯身向前时，会明显感到背部肌肉的伸展，以及大腿后侧、腰部肌肉的紧张感。当到达自己的动作极限时，身体就会通过疼痛这种信号来提醒我们——“不能再往下做了”。如果在感到疼痛的情况下强行做动作，就会有受伤的危险。所以，一定要记住“量力而行”这四个字。我们的身体柔韧性越好，运动时的动作幅度就会越大，从而越不容易达到自己的极限。有人可能会说了——“我天生柔韧性就很差，这可怎么办？”其实，这并没什么大不了，因为大部分人尤其是男人的柔韧性都不怎么样。我们只能通过后天不懈的努力来改善。

伸展运动应该在正式运动之前、充分的热身运动之后进行，并采取先练大肌群再练小肌群的策略。每个动作都应该做到稍微有疼痛感的程度，并尽量保持10—15秒钟。另外，肌肉运动结束之后也应该进行伸展放松。

最后再强调一遍，伸展运动也是一种肌肉运动，绝对不能忽视！

热身运动的重要性，再怎么强调也不过分

让我们想一想汽车启动的整个过程。刚启动时，引擎声音会很大，且伴随着明显的震动感。等过了一段时间之后，引擎的声音就会变小，震动也变得微弱。此时，汽车才开始进入驾驶状态。我们的身体在运动之前同样需要一个预热的过程，也就是热身运动。如果跳过热身直接进入剧烈运动状态，身体就会感到十分不适，甚至极有可能受伤。那么，热身运动究竟应该如何进行呢？其实很简单，顾名思义让你的身体热起来就对了。你可以就地取材借用任何道具、采取任何办法。比如爬楼梯、原地跳跃，等等。

热身运动不必持续很长时间，只要做到后背稍微出汗的程度就够了。我也曾经为了赶时间而不做热身运动，随便拉伸几下就开始正式运动，而结果就是第二天身体非常不适。所以，热身运动一定要做，而且要做到后背稍微出汗为止。

别忘了，休息也很重要

在运动时，每套动作之间的休息时间越短越好。我经常在教学过程中强调休息时间应该控制在20秒以内，但事实上很少有人能做到。其实我自己也明白这个要求有些太高了，但仍然希望以此来提醒大家尽可能地缩短休息时间。每个人所需要的休息时间应该是与自己的体力状况相匹配的。如果你第一次运动的时候将动作之间的休息时间定为2分钟，那么你就应该在完成所有运动之前严格遵守这个规定。在休息时间之外的时间里，哪怕感到精疲力竭、喘不上气也要尽可能地坚持下去。只有这样，才能不断提升自己的运动能力。人的潜能是无限的，如果你总是对自己太好，又如何突破自己的极限呢？

要想增肌减脂，就必须做好饮食控制

六块腹肌可以说是所有健身者的终极目标。而选择《徒手健身：男生版》的各位，想必更是如此了。很多人都以为腹肌是练出来的，其实并非如此。每个人都有腹肌，只不过大部分人的腹肌都被腹部赘肉所掩盖了。因此，要想练就腹肌，首先要赶走多余的脂肪。而要达到这一点，就必须严格控制饮食。另外，即便不是为了练腹肌，减脂也是每个健身者的必修课。因为在运动过程中肌肉发挥着传输力量的作用，而脂肪则毫无用处，甚至起着降低效率的反作用。要想完成运动强度极大的"德斯朗项目"，就必须首先通过饮食控制来减少体内脂肪含量。如果你热爱运动或已经有一定的运动经验，想必对"饮食控制"这四个字并不陌生。所谓饮食控制，简单来说就是远离碳水化合物、刺激性食物、方便食品、加工食品和零食，养成以蛋白质为主的健康饮食习惯。按照健身食谱的要求来进食，必然会多出很多麻烦与痛苦，但绝对是十分必要的。如果你真的想拥有令人羡慕的好身材，就从现在起狠下功夫做好饮食控制吧！

将自己运动的样子拍下来

如果你已经翻阅过第二章的内容，就会发现我对动作准确性的强调已经达到了令人厌烦的程度。没办法，准确性就有这么重要。但如果你是独自在家运动，如何确认自己的动作是否做标准了呢？方法很简单，就是把自己运动的样子拍下来，再和示范动作进行对比。现在每个人都有手机或数码相机，要自己拍摄视频并不是什么难事。如果是拍摄俯卧撑动作，可以将手机斜放在地上，拍摄自己的正侧面和45°侧面。如果是拍摄引体向上动作，则可以将手机先后对准自己的正背面和正侧面。拍摄时，最好要将自己的全身都拍进去。另外，在开始训练之后，应该每隔一段时间就在同一地点用同一姿势拍摄全身自拍照。我们教学模特韩惠真小姐每天都会在起床和运动后拍摄全身自拍照，以便随时掌握自己的体形变化。我们一般人当然没必要每天拍几次，只要做到每周拍一次就够了。当你通过照片亲眼见证到自己的改变，自然就会带着更多的热情投入运动中去。

第2部分

说练就练，德斯朗

第 1 章

伸展运动

伸展运动不仅可以放松肌肉，还能增强身体的柔韧性。柔韧性对于每一个运动的人来说都十分重要。你的身体柔韧性越好，你的肌肉控制能力就越好，动作幅度就越大。如此一来，你通过运动所锻炼到的深层肌肉也就比别人更多。伸展运动应该在充分的热身运动完成之后、正式运动开始之前进行。由于它本身也是一种肌肉运动，所以依然需要注意动作的标准性。但凡有运动经验的人多少知道一些做伸展运动的方法，所以在这里我就不一一说明了。你可以参考示范动作，自由进行伸展运动的训练。在练习之前，不妨先仔细看看示范照片中每个伸展动作之下肌肉的状态，认真体会一下伸展给肌肉带来了怎样的变化。

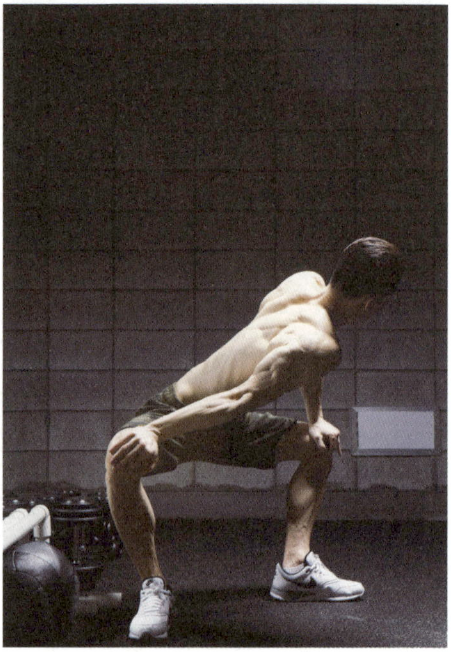

第 2 章

德斯朗基础训练

本章所介绍的8个动作，是最适合在空间有限、无器械的条件下进行的体能增强训练，具有高效、安全的特点。它们看上去都不难，但要做到标准却一点也不简单。如果你不讲究动作的准确性，一味追求动作数量，这样非但达不到运动效果，还有可能受伤。所以，请务必认真学习，确保每个动作都做到位。如果你平时很少运动，又是第一次接触德斯朗训练，不妨先通过这8个动作的练习来增强体能。等完全掌握它们之后，你就可以正式进入德斯朗训练了。同时，每当你感到身体疲惫时，都可以停下当前的训练计划，重新回到这8个基础动作的练习中来。这样既可以保持运动的连续性，又不会给身体造成太大负担，何乐而不为呢？

深蹲

弓步

硬举

弹力带腿部拉伸

挤压肩部拉伸

俯卧撑

卷腹

仰卧抬腿

第3章 德斯朗俯卧撑

如果你对俯卧撑不屑一顾，只能说明你在运动这条路上还没有入门。

俯卧撑运动，可以说是最经典的肌肉锻炼运动之一。

有的人以为俯卧撑不过是在俯卧状态下做手臂屈伸，事实并非如此。要想完成一定数量的标准俯卧撑动作，必须保证全身具备充足的肌肉力量和耐力。德斯朗训练中的基本俯卧撑动作要求你在平板支撑的状态下，臀部和大腿离开地面，以手臂的屈伸动作来带动胸部靠近和远离地面。

在正式开始训练之前，你不妨先试着做一下基本动作。在胸部挨地的状态下伸直双臂，带动上半身起来。一开始，你可能会觉得做10个都很困难，这是很正常的现象。即便是那些长期运动的人，一开始也很难做到50个。因此，不要心急，从第一个动作跪姿俯卧撑开始慢慢练习，相信总有一天你也能一口气做完50个“手与肚脐呈水平的俯卧撑”。等达到这个水准，你才能完成后面那些真正的高难度俯卧撑动作。到时候，你将会为自己上半身的体格变化而惊讶。

德斯朗俯卧撑的课程安排遵循由简至难的原则，以增强肌肉力量和身体平衡性为目的，以保证安全性为前提，以完成倒立俯卧撑为理想目标。

倒立俯卧撑之后的动作都属于超高难度的表演性动作，我自己都不会把它们纳入日常练习中。所以，你不妨以欣赏为目的去观看那些高难度动作的视频。

运动就是从你感到辛苦的那一刻才开始的

如果你想拥有线条分明的好身材，光练倒立俯卧撑之前的动作就足够了。

接下来，我们来详细解释一下德斯朗俯卧撑动作的次数要求。

说实话，严格规定每个动作的次数是一件意义不大的事。从最基本的动作到“手与肚脐呈水平的俯卧撑”为止，你只要做到一次完成50个就可以了。在那之后，你可以每个动作做3—5组，每组做15—20个。如果感觉轻松，就可以继续进入下一阶段的学习。如果感到在现阶段的学习已经很困难，就不要勉强自己，老老实实回到前一阶段去补课。等肌肉力量达到一定水准之后，再挑战更高难度也不迟。

如果你所有的动作都能按标准动作去做，且轻松完成一组练习，就说明你已经达到相当的水准了。但不要满足于此，继续挑战每个动作做3—5组，哪怕每组的次数减少一些也没关系。这样，你的肌肉力量就能进一步增强。

最后，让我以一句经典的话作为结束——“运动是从你感到辛苦的那一刻才开始的。在那之前，你所做的运动只能称为劳动。”越是感到辛苦，越要坚持下去。这样，你才会越来越强！

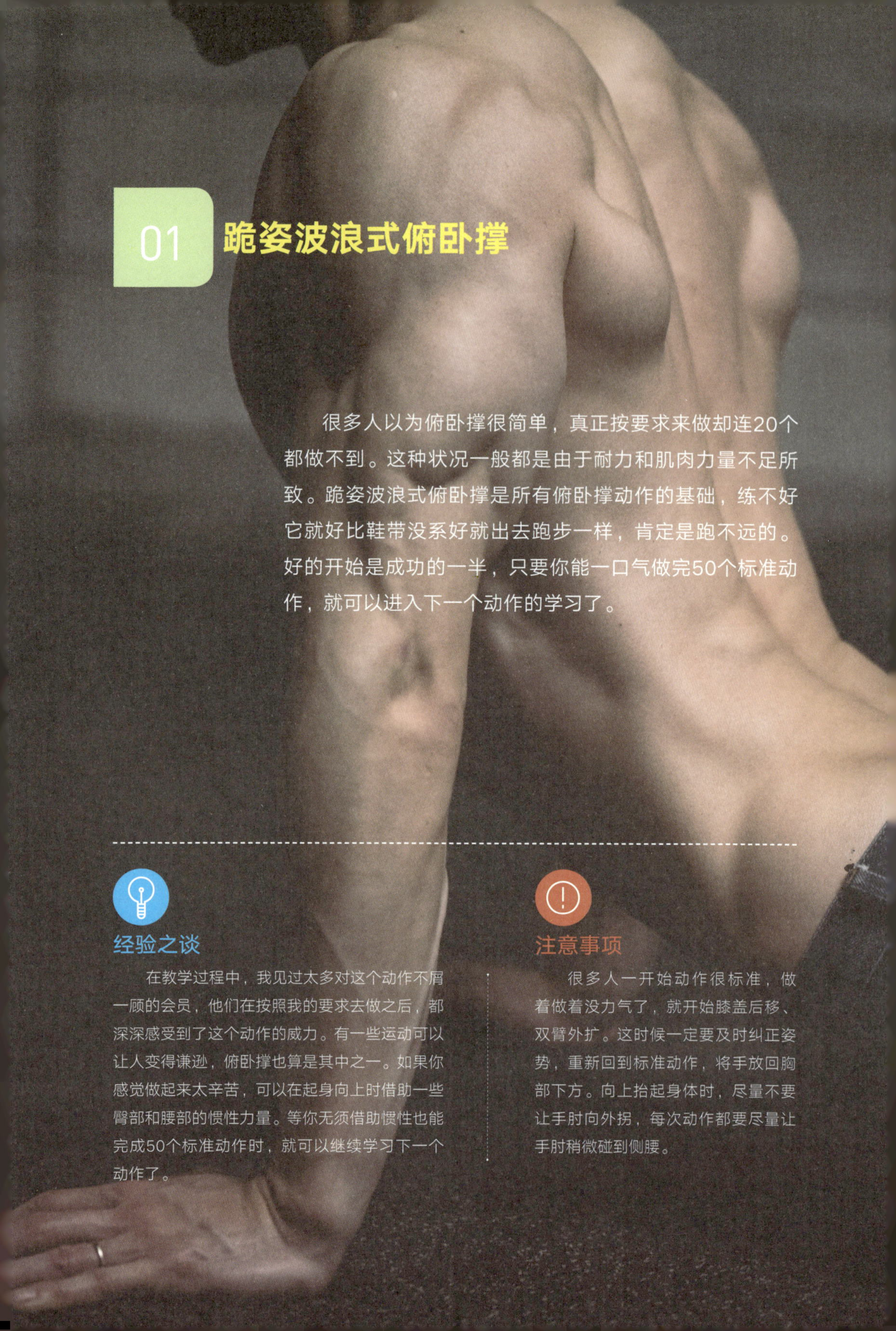

01 跪姿波浪式俯卧撑

很多人以为俯卧撑很简单，真正按要求来做却连20个都做不到。这种状况一般都是由于耐力和肌肉力量不足所致。跪姿波浪式俯卧撑是所有俯卧撑动作的基础，练不好它就好比鞋带没系好就出去跑步一样，肯定是跑不远的。好的开始是成功的一半，只要你能一口气做完50个标准动作，就可以进入下一个动作的学习了。

经验之谈

在教学过程中，我见过太多对这个动作不屑一顾的会员，他们在按照我的要求去做之后，都深深感受到了这个动作的威力。有一些运动可以让人变得谦逊，俯卧撑也算是其中之一。如果你感觉做起来太辛苦，可以在起身向上时借助一些臀部和腰部的惯性力量。等你无须借助惯性也能完成50个标准动作时，就可以继续学习下一个动作了。

注意事项

很多人一开始动作很标准，做着做着没力气了，就开始膝盖后移、双臂外扩。这时候一定要及时纠正姿势，重新回到标准动作，将手放回胸部下方。向上抬起身体时，尽量不要让手肘向外拐，每次动作都要尽量让手肘稍微碰到侧腰。

1 双臂张开约比肩膀宽10cm，双手撑地。指尖稍微向外，注意大拇指一定要位于胸部正下方。确认姿势准确之后，使膝盖挨地，后背呈一条直线。

2 保持手臂姿势不动，
从膝盖到大腿依次向下靠近地面。

3 带着手肘稍微略过侧腰的感觉，
继续让大腿至腹部的区域也靠近地面。

4 让膝盖上端至胸部的身体区域完全落于地面。

5 按从胸部到膝盖的顺序让身体各部位依次离开地面，重新伸直手臂，回到初始动作。

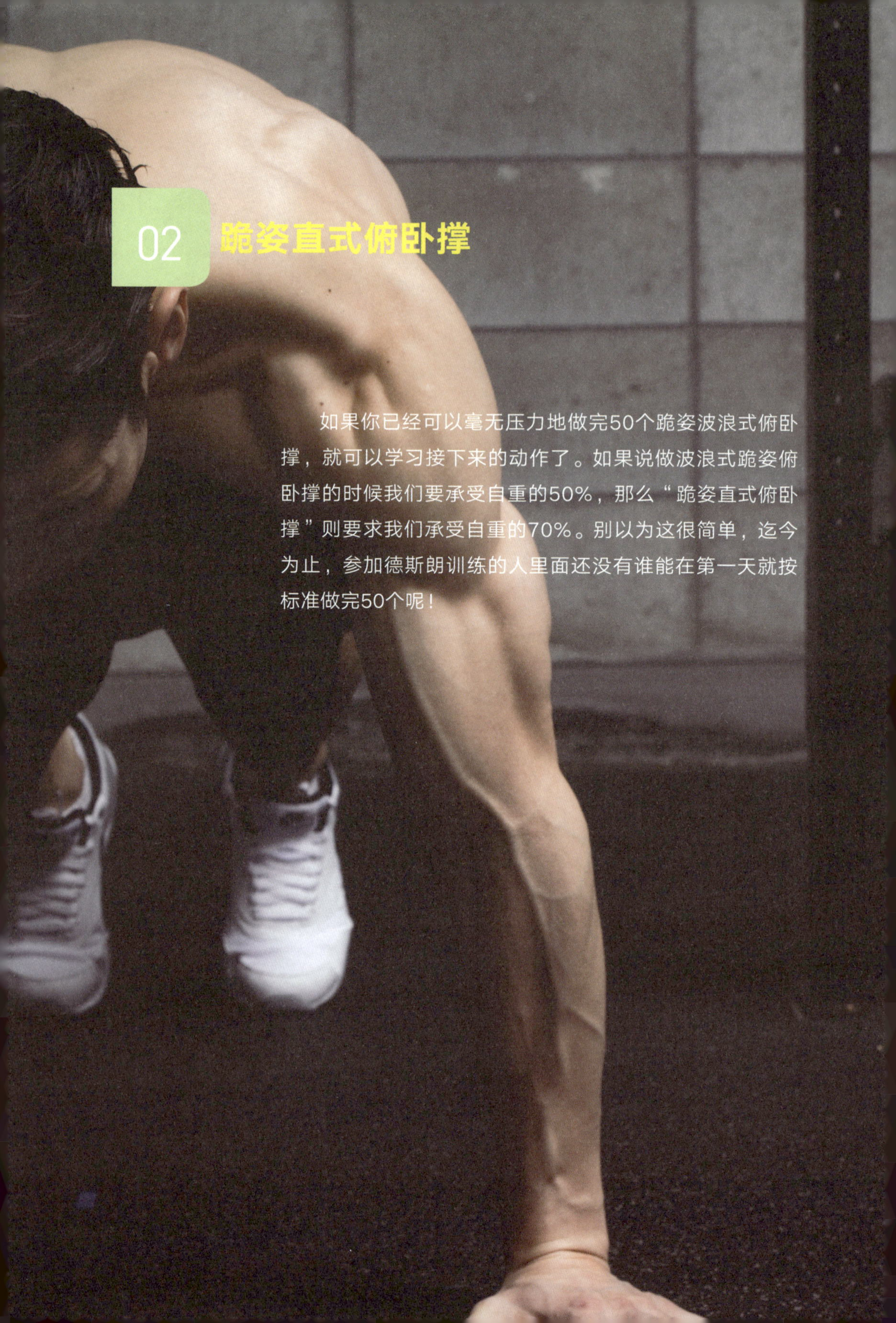

02 跪姿直式俯卧撑

如果你已经可以毫无压力地做完50个跪姿波浪式俯卧撑，就可以学习接下来的动作了。如果说做波浪式跪姿俯卧撑的时候我们要承受自重的50%，那么“跪姿直式俯卧撑”则要求我们承受自重的70%。别以为这很简单，迄今为止，参加德斯朗训练的人里面还没有谁能在第一天就按标准做完50个呢！

1 进入跪姿俯卧撑准备姿势。

2 保持腰背挺直，腹部和腰臀部位发力，
利用手臂和胸部的力量让胸部慢慢靠近地面。

3 保持腰背挺直，
抬起身体至手臂完全伸直。

经验之谈

这个动作与前一个动作名称差不多，难度上却大相径庭。如果你顶多只能做30—40个，可以试试以直式的姿势向下、再以波浪式的动作起身。如果可以这样坚持做完50个，身体力量就算是有所增强了。在刚开始练习的阶段，不必每次都按标准做到自己的极限，只要以可承受的方式做到50个就可以了。

现在，我们要学习标准直立俯卧撑之前的最后一个动作了。从这个动作开始，我们要承受的自重就是以70%为最低值，所以会比之前更辛苦。先试试看能不能坚持做完50个吧！

03 踮脚尖波浪式俯卧撑

经验之谈

练习到这里，你可能会有此一问了——“俯卧撑不是胸部运动吗？为什么我会感觉到肩部肌肉酸痛呢？”且让我们仔细看看动作说明吧。首先，我们要张开双臂，以肩膀支撑身体，再使整个腰背呈一条直线。从这个时候开始，我们就要靠肩部和手臂的力量支撑起自重的70%了，所以肩部承受的压力会比做跪姿俯卧撑的时候大一些，坚持起来也就更困难。不仅如此，我们还要做俯身向下和抬起身体的动作，胸部、手臂后侧、肩膀前侧的肌肉都必须用力，肩膀的负荷会进一步增加，感觉到肌肉酸痛是再自然不过的事了。

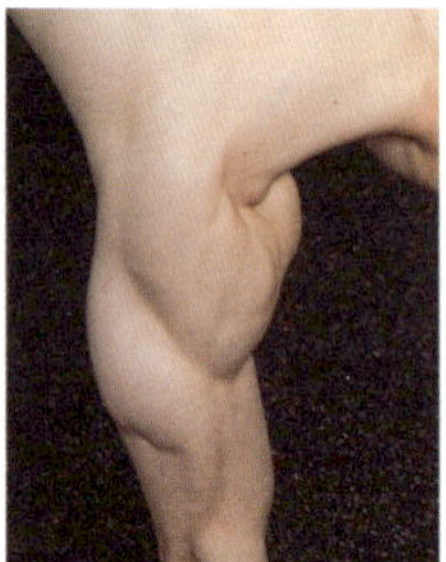

注意事项

在腰背挺直的过程中，你可能会因为力量不够而借助于惯性。如果可以的话，应该尽可能慢地完成动作，避免惯性的介入。另外，抬起臀部时会用到腰部肌肉，所以腰部感觉到肌肉酸痛也是正常现象。

1 进入俯卧撑准备姿势。

2 保持手臂笔直，让大腿落向地面。

3 弯曲肘部，让腹部、胸部依次落向地面。

4 先抬起头部，一边缓慢地伸直手臂，
一边依次让胸部和腹部离开地面。

5 最后抬起大腿和膝盖，
重新回到姿势1。

04 踮脚尖直式俯卧撑

现在，我们要开始做真正意义上的俯卧撑了。这个动作要求我们承受自重的70%以上，强度比踮脚尖波浪式俯卧撑还要大一些。如果你已经完全掌握了上一个动作，做这个动作应该没有问题了。但是，要完成50个标准动作，可能比一口气完成前面3个动作所花的时间还要多。但只要你战胜了这个动作，以后任何徒手推举动作都难不倒你了。来吧，让我们立刻开始挑战！

经验之谈

做到这个动作，很多人都会发出这样的感叹——“天啊，原来俯卧撑这么难！”如果你已经完全掌握了前面3个动作，应该可以在这个动作上坚持30—40次。但正如我之前所说的那样，如果你一上来就做这个动作，几乎很难做到30个。最高效的学习方法应该是，先按照标准姿势慢慢来做，能做多少做多少。然后，再试着在向下的时候做直式姿势，在起身的时候做波浪式姿势，这样完成50个动作。坚持下去，总有一天你也可以做完50个标准姿势的踮脚尖直式俯卧撑！

注意事项

在坚持到达极限时，姿势最容易走形。这时候，你很可能会在心里想——我已经做到位了，我已经尽力了，不可能做得更好了！但事实上，你的姿势已经和正确姿势相距甚远。避免这种情况最好的办法是，将自己练习的过程拍摄下来。练完就看，你便知道自己差在哪里了。你可能会发现，自己过多地使用了惯性，手肘已经离侧腰有一段距离，手和脚的位置不断在向后移动，等等。发现错误之后，就应该一个步骤一个步骤、集中精力重新去做。虽然我们规定一个动作要做足50个，但事实上少一些也是可以的。总之，动作标准才是最重要的，绝对不能以次充好、滥用惯性。在这里，我重申一遍，德斯朗训练不是速成教程，你至少要花两年的时间才能达到理想的成效。所以，不要急于求成，一个动作一个动作慢慢去做，直到完全掌握它们为止。

1 进入俯卧撑准备动作。

2 弯曲手肘向下，保持臀部稍微向上翘起。

3 肘部尽可能地靠近侧腰，俯身向下，到最低点时仅让胸部挨着地面。

4 抬起身体，回到姿势1。注意大腿和腹部不能挨着地面。

05 窄距俯卧撑

如果你已经完全掌握了踮脚尖直立俯卧撑，那么这个动作对你来说简直就是轻而易举的了。之所以要练这个动作，是因为它可以集中增强手臂后侧的力量，对我们继续后面的练习很有帮助。

经验之谈

如果你已经充分掌握了之前的动作，你的手臂后侧想必已经有一定的力量了。但只有继续增强这一部位的力量，才能更好地完成接下来的俯卧撑练习，并充分掌握手臂后侧发力的技巧。

注意事项

随着次数的增加、力气耗尽，你可能会不自觉地让手肘远离侧腰。这时候，应该让手指尖稍微向外，使手肘自然而然地回到正确的位置上去。

1 双手张开与肩同宽，手指尖朝向正前方。保持将大拇指置于胸部正下方的姿势，脚尖用力，使得整个后背呈一条直线，只有臀部稍微上翘。

2 手肘紧贴身体，俯身向下，
找到手肘轻微摩擦侧腰的感觉。

3 继续向下，
直到胸部挨到大拇指为止。

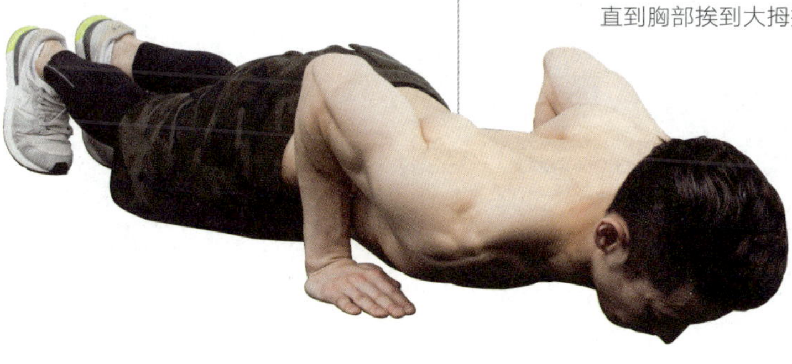

4 利用手臂后侧的肌肉力量，
将身体抬起来，回到姿势1。

06 宽距俯卧撑

这个动作对于胸部平坦、缺少胸肌的人来说，真是再适合不过了。如果你做不了这个动作，也不妨碍你继续练习后面的俯卧撑动作。但这个动作在塑造胸肌方面效果显著，可谓是完美地克服了徒手运动增肌慢的弱点。它的效果可以与器械训练、负重训练不相上下，如果你精神高度集中，它甚至可以比后两者效果更好。在我看来，它是最值得一练的胸部运动。

经验之谈

如果臀部、腹部和腰部放松下来，身体就无法保持一条直线，也就无法做到动作标准。因此，一定要时刻注意保持身体呈一条直线。

注意事项

如果俯身向下时不利用手肘下压的力量，而利用向上推挤的力量，会导致肩膀和颈部用力过多，从而影响锻炼胸肌的效果。因此，应务必保持精力高度集中，时刻提醒自己将手肘紧贴侧腰。要记住，高度的专注和自控力是完成高质量训练的前提。

1 双臂展开为三倍肩宽，进入俯卧撑准备姿势。注意手指尖要完全朝外。

2 向下而非向上推挤肘部，缓慢屈肘，让胸部一点一点地向地面靠近。这时，应尽可能地让背部肩胛骨并拢，推挤胸部朝前。

3 起身时向上推挤肘部。

4 用力推挤，直到双臂完全伸直。

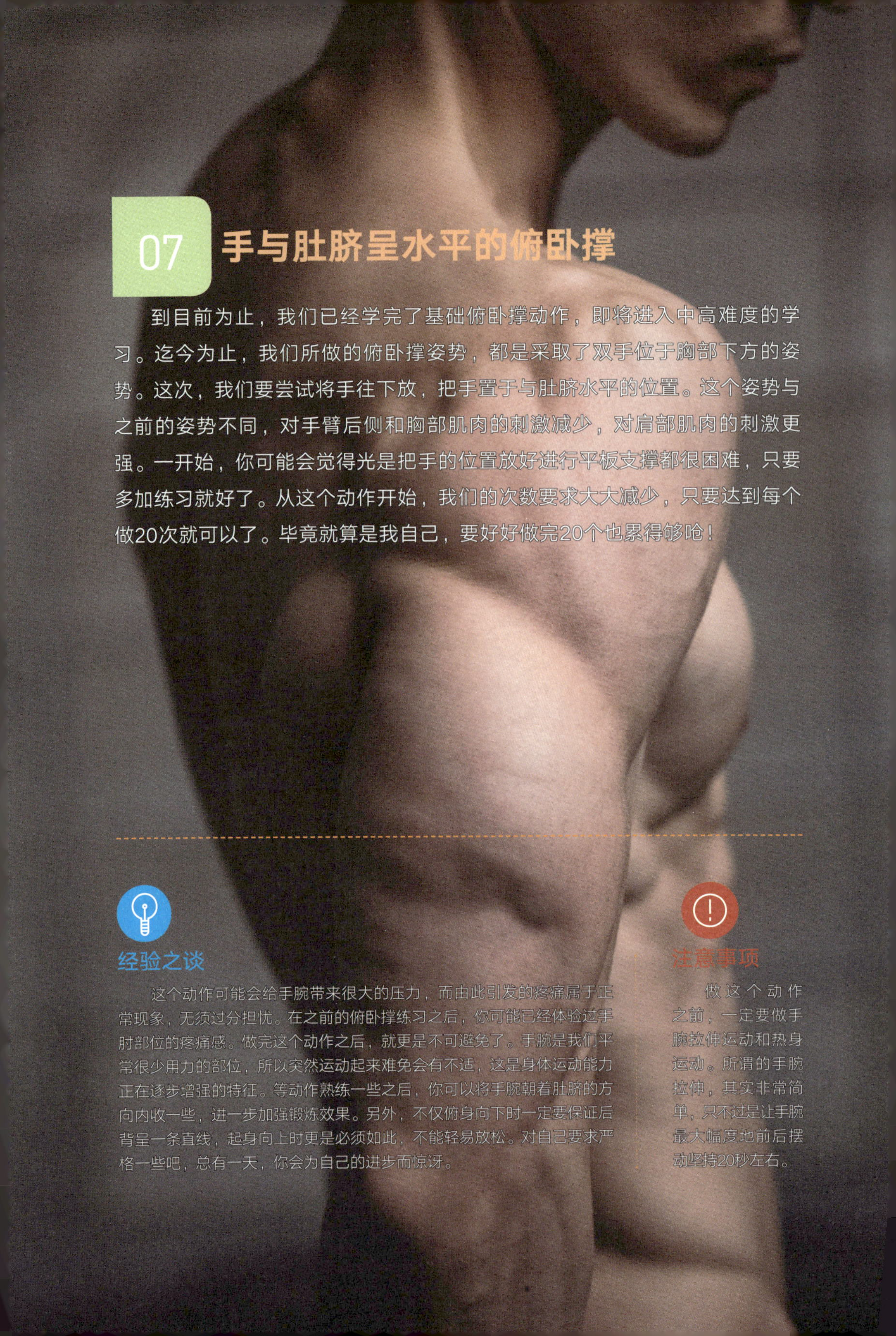

07 手与肚脐呈水平的俯卧撑

到目前为止，我们已经学完了基础俯卧撑动作，即将进入中高难度的学习。迄今为止，我们所做的俯卧撑姿势，都是采取了双手位于胸部下方的姿势。这次，我们要尝试将手往下放，把手置于与肚脐水平的位置。这个姿势与之前的姿势不同，对手臂后侧和胸部肌肉的刺激减少，对肩部肌肉的刺激更强。一开始，你可能会觉得光是把手的位置放好进行平板支撑都很困难，只要多加练习就好了。从这个动作开始，我们的次数要求大大减少，只要达到每个做20次就可以了。毕竟就算是我自己，要好好做完20个也累得够呛！

经验之谈

这个动作可能会给手腕带来很大的压力，而由此引发的疼痛属于正常现象，无须过分担忧。在之前的俯卧撑练习之后，你可能已经体验过手肘部位的疼痛感。做完这个动作之后，就更是不可避免了。手腕是我们平常很少用力的部位，所以突然运动起来难免会有不适，这是身体运动能力正在逐步增强的特征。等动作熟练一些之后，你可以将手腕朝着肚脐的方向内收一些，进一步加强锻炼效果。另外，不仅俯身向下时一定要保证后背呈一条直线，起身向上时更是必须如此，不能轻易放松。对自己要求严格一些吧，总有一天，你会为自己的进步而惊讶。

注意事项

做这个动作之前，一定要做手腕拉伸运动和热身运动。所谓的手腕拉伸，其实非常简单，只不过是让手腕最大幅度地前后摆动坚持20秒左右。

1 手指尖向外倾斜45°，伸直手臂，保持平板支撑姿势。

2 腿部稍微向前，使上半身前倾，注意手的位置与肚脐水平。

3 保持肩部支撑的紧张状态，俯身向下，直到胸部着地。

4 将力量集中于肩部，起身向上，回到姿势1。

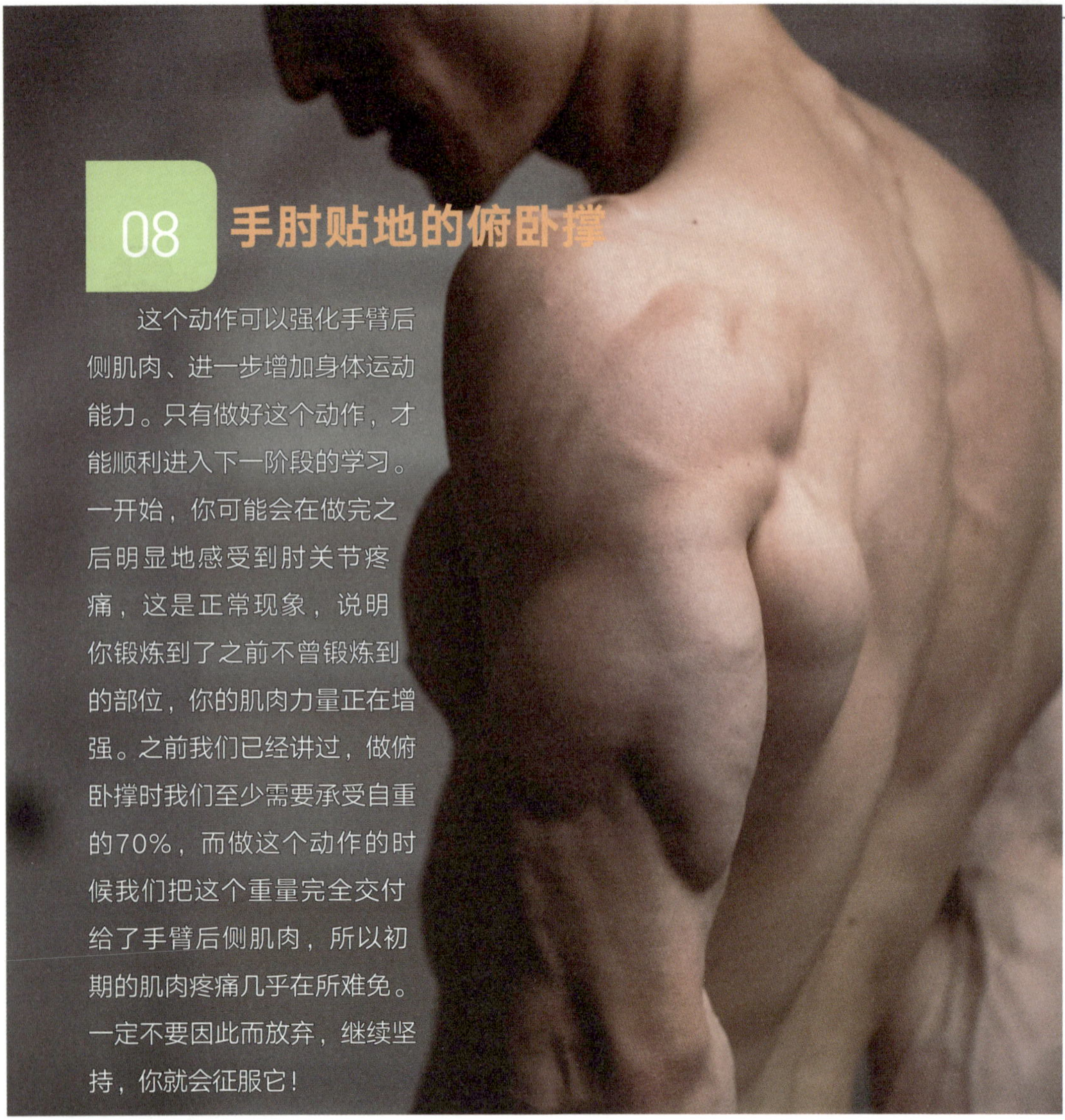

08 手肘贴地的俯卧撑

这个动作可以强化手臂后侧肌肉、进一步增加身体运动能力。只有做好这个动作，才能顺利进入下一阶段的学习。一开始，你可能会在做完之后明显地感受到肘关节疼痛，这是正常现象，说明你锻炼到了之前不曾锻炼到的部位，你的肌肉力量正在增强。之前我们已经讲过，做俯卧撑时我们至少需要承受自重的70%，而做这个动作的时候我们把这个重量完全交付给了手臂后侧肌肉，所以初期的肌肉疼痛几乎在所难免。一定不要因此而放弃，继续坚持，你就会征服它！

经验之谈1

对我而言，这个动作也并不轻松。但要想完成接下来的拜日式俯卧撑，就必须练好它。一般来说，我喜欢省略俯身向下的动作，直接将手肘放在地面上开始练习。如果你已经可以毫无压力地举起来10次，那么推下去的动作就肯定没问题了。

经验之谈2

如果你觉得完成标准动作太困难，可以试着在手肘落下的位置放上装满500ml水的饮料瓶。这样如果手臂突然没了力气，手肘就不会一下子落到地板上，而是经过饮料瓶的缓冲，多少会舒服一些。等动作熟练之后，你就可以拿开饮料瓶，直接做标准动作了。

1 进入平板支撑姿势。

2 手肘朝着身体内侧稍稍倾斜。

3 俯身向下，想象手肘即将落于地面。这时如果感到困难，可以不要继续向下，重新抬起身体回到姿势1。等动作熟练之后，就可以让手肘完全落在地面了。

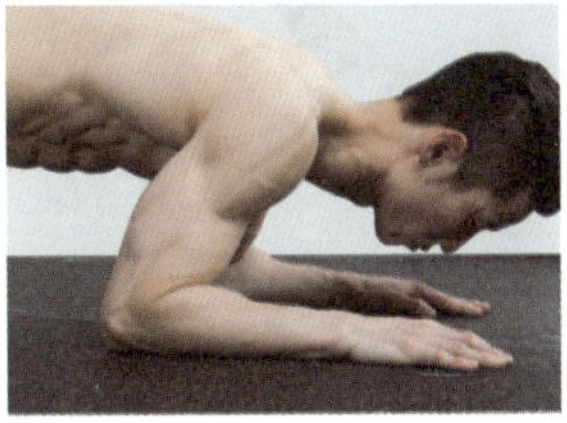

4 保持身体的稳定性，依靠手臂后侧的力量撑起上半身。

09 拜日式俯卧撑＋前推

当你的胸部和手臂后侧已经有一定力量之后，就可以开始练习这个充分刺激肩膀前、侧、后部肌肉的动作了。它是你成为肩肌达人所必修的一门课程。在完成正确的姿势之前，你可能需要经过多次反复练习。这个动作对肩部肌肉的刺激可能仅次于倒立动作，可谓是强度最大的垫上俯卧撑动作了。练习这个动作的时候，你最好给自己拍摄视频，以随时检查姿势是否准确。

1 进入平板支撑姿势。

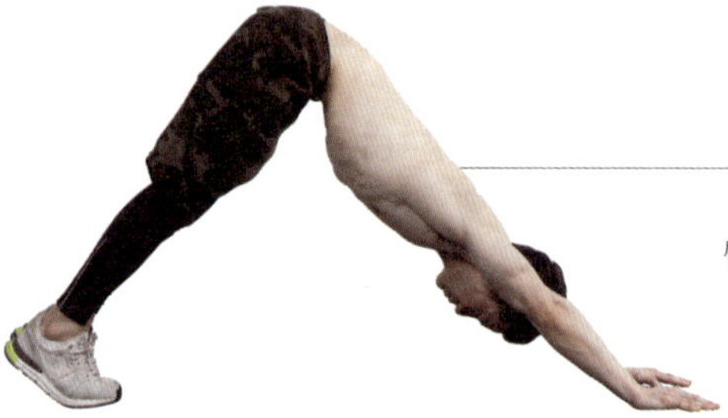

2 臀部向后顶，使身体呈90°。

3 将手肘缓缓地落在地面。

经验之谈1

这是一个强度非常大的动作，在俯卧撑的基础上再加上前推，可谓是难上加难。但越是这样，运动的效果就越好。俯卧撑姿势做到位之后，不要立刻前推，应该尽可能地延缓这个过程，并使前推的幅度做到最大。做好这个动作，对于完成倒立很有帮助。前推的力量越强，就越能在做倒立俯卧撑的时候保持身体的平衡。

经验之谈2

不少人在做这个动作的时候，在身体呈90°的情况下手肘挨着地面，却无法转入前推姿势，或者在恢复姿势的时候无法重新让身体呈90°。如果你觉得这个过程太复杂，可以省略步骤7，在上半身前倾的状态下伸展双臂，让身体像画圆圈一样重新回到90°，并反复练习向下的动作。这就是最原始的拜日式俯卧撑。

4 放下臀部，利用三头肌和肩部的力量向前推出。

5 脚尖尽可能地向前推，将身体前移到肩部所能承受的最大极限。

6 再次绷紧脚尖，抬起臀部，向后推。

7 重新将臀部抬高至身体呈90°，将手肘放在地面上。

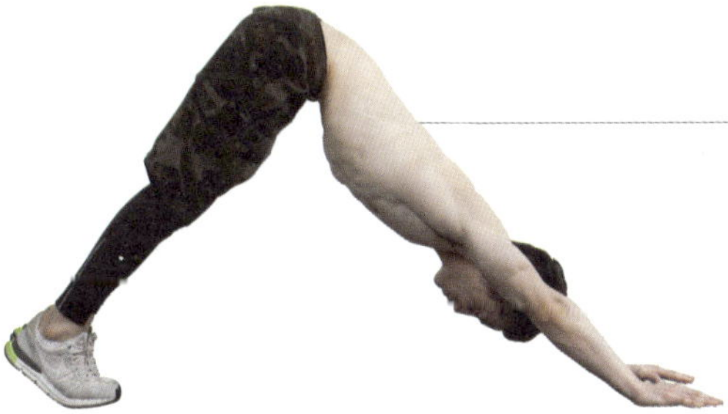

8 利用手臂后侧的力量推直手臂，使身体完全呈90°。

10 动态俯卧撑

这是一个非常帅气的动作，演员金武烈曾经因为在电视剧中展示这个动作而吸引了大批粉丝。要完成这个动作，需要足够强大的肩部力量。如果你已经充分掌握了“手肘贴地俯卧撑”和“拜日式俯卧撑＋前推”，那么完成这个动作就不在话下了。虽然这个动作的强度明显不如上一个动作大，但等你做起来就会知道为什么它会排在后面而不是前面了。

1 进入平板支撑姿势，手指尖朝正前方。

2 脚尖点地用力向后推，保持身体呈一条直线，将手肘放于地面上。

经验之谈

这个动作可以充分刺激到肩膀从前侧到后侧的肌肉。虽然已经有之前的训练作为基础，但由于肩膀所要承受的力量实在太大，做起来还是比较辛苦的。在做这个动作的时候，最好从侧面将自己练习的情况拍摄下来。等回看录像的时候，你就会发现自己脚的移动可能很不自然、身体的位置过低、身体没有呈一条直线，等等。所以，做的时候一定要随时提醒自己保持身体呈一条直线，保持身体位置的一定高度。

3 重新脚尖点地，手放于颈部后方，双手指尖相碰。

4 小碎步向前，将手掌放于地面。

5 小碎步向前，将手掌放于与肚脐水平的位置，身体向前推。

6 重新小碎步退后，回到姿势3。

11 倾斜式俯卧撑

到这里，我们已经结束所有在平地进行的俯卧撑动作学习了。现在，我们要改变一下脚的位置。这一改变，将导致我们原本需要承受的自重从70%提升到85%。如果说在此之前的德斯朗训练仅仅是让我们的胸部肌肉得到基本锻炼，那么从现在起，随着施力角度的变化，胸部上方的肌肉将受到更加强有力的刺激。

经验之谈1

你可能会发现，做这个动作的时候没有足够的力气支撑上半身抬起，这该怎么办呢？很简单，如果竭尽所能还是无法支撑，就将下巴放到地上吧。有手臂的支撑，下巴即便触地也不会过于难受。然后，双腿应同时向两侧打开再落下。我每次失败的时候都用这个方法来离开动作，从来没有一次让下巴受伤。所以，不用太担心，认真大胆地去做吧！

经验之谈2

有的人双腿打不开，就说自己柔韧性不好，没办法。但事实上，只要用力，任何人都可以让双腿顺利地打开。我就属于柔韧性不怎么样的，但只要尽最大的努力去打开双腿，再将力量均匀地分布于胸部、肩部和手臂，就可以很好地坚持下去了。

1 准备一个放脚的箱子或椅子，将身体调整到合适的位置，进入俯卧撑准备姿势。

2 将两腿分别抬到箱子上，注意安全。

3 伸直双腿，保持臀部抬高的状态，屈肘俯身向下，直到下巴贴近地面。

4 重新回到姿势2。

12 上身倒立俯卧撑

如果说在上一个动作中，我们的上半身还在一定程度上处于弯曲状态，从而使胸部、肩部和手臂后侧的肌肉均匀受力，这次的动作则要求除开胸部，仅仅依靠肩膀和手臂后侧的肌肉来完成。现在，所有推举运动中唯一剩下的就是倒立俯卧撑了。也就是说，我们总算进入了俯卧撑最后一个阶段的学习。只要再努力一点点，你就可以完成帅气的倒立俯卧撑了。很快，你就能从镜子中看到自己健硕有型的肩部线条了。

经验之谈

很多人在做这个动作的时候，自以为身体与地面呈直角，实际上却早已倾斜。要避免这种情况，还是要靠拍摄视频。一般来说，向下时保持垂直并不算难，向上时却很容易发生倾斜。如果上半身与地面无法保持垂直，就无法有效地充分锻炼肩部肌肉。所以，做这个动作时最重要的就是要确保上半身与地面呈垂直状态。

注意事项

尝试将手肘的方向朝四面八方转动，如果没有感觉到手臂后侧肌肉的强烈紧张感，就说明手肘已经侧弯了。只有始终保持手肘向正后方，才能达到理想的训练效果。

1 找到合适的位置进入俯卧撑准备姿势，先让手掌着地。

2 将两腿分别抬到箱子上，注意安全。

3 尽可能地抬高臀部，使上半身与地面呈垂直，保持腰背挺直。

4 手肘向内收，屈肘，在下巴完全着地之前保持身体呈一条直线。

5 重新伸直手臂，推起上半身，回到姿势3。

13 面靠墙倒立

相信大部分人在此之前都没有做过靠墙倒立俯卧撑。在德斯朗训练中，倒立是肩部训练中不可忽略的重要一环。虽然不知道你是否能顺利到达最后一关的“自由倒立俯卧撑”，但你至少要学会如何在倒立状态下保持重心稳定，我们要求坚持的时间是2分钟。可能一开始你只能坚持30秒，但凭借之前训练积攒下来的肌肉力量和运动细胞，你一定可以很快进步到1分钟、1.5分钟，最后轻松完成2分钟的挑战。

1 靠墙，将手掌落于地面。

2 抬起一只脚，靠在墙上，再同时抬起另一只脚，将身体重量落在手掌上。

3 双脚踩着墙往上走，同时手掌向后移动，直到与墙保持30cm的间隔。

4 将双脚脚尖贴于墙面保持动作，直到坚持不下去为止。

经验之谈

要完成这个动作，除了拼死坚持之外别无他法。有之前的训练作为基础，相信你只需要几次尝试就能完成2分钟的挑战。

注意事项

这个动作可能会导致血压升高，一开始甚至会引起眼睛充血。始终保持视线朝着正前方的地面上，可以一定程度上缓解上述症状。另外，刚开始的第一个月里，由于斜方肌和肩部肌肉受到强烈刺激，可能会有颈部酸痛和头痛的症状，属于正常现象。等肌肉力量强化、动作熟练之后，症状自然而然就会消失了。

14 背靠墙倒立

这个姿势要求我们先头部靠近墙面，再利用脚踩地的力量使身体倒立。“只不过是保持一个姿势不动而已，怎么会做起来这么累，感觉肩膀这么酸呢？”很多人做着做着，就忍不住发出这样的感叹。如果再加上将手臂完全伸直的要求，能坚持的时间就更短，运动强度也就更大了。越是困难越要上，让我们赶快开练吧！

经验之谈

记得我第一次做这个动作之前，一直嘀咕着：“这有何难？不就是倒立支撑吗？”结果，我只坚持了短短40秒。虽然整个过程中并不需要做额外的动作，但仅仅是保持姿势不动就足以让我感觉到肩部强烈的酸痛感。除此之外，手腕周围的肌肉也感觉十分难受。大约练了一个月之后，我才算是征服了这个动作。注意完成动作时，一定要尽量伸直手臂，这样才能达到更好的运动效果。

注意事项

在做倒立的时候，最需要注意的就是臀部了。一旦臀部和大腿挨着墙面，运动效果就大打折扣。做动作的时候，应该尽可能地让脚尖靠墙，再最大限度地伸展身体，腹部向前推出，使整个身体形成一个类似香蕉的形状。如果动作做到位了，你就能感受到平时很少锻炼的肩部后侧肌肉得到了充分刺激。

1 在离墙约40cm的位置俯身向下，双臂张开，略比肩宽。

2 抬起一只脚，做好倒立的准备。

3 利用单脚踩地的力量倒立上墙，一只脚弯曲呈90°，脚掌靠墙，另一只脚完全伸直。

4 将弯曲的脚也伸直，脚尖朝着天花板，保持姿势不动。注意臀部不能落在墙面上。

15 面朝墙倒立俯卧撑

很多教程里所教的面朝墙倒立俯卧撑，都只要求做到半屈肘、头顶挨地的程度。但我对这个动作的要求会更高一些，所希望达到的效果也更好一些。在这个动作上，我曾经失败了很多次。后来，我痛下决心从基础练起，设计出了由14个动作组成的准备训练，也就是你所看到的前面14个练习。现在，我想对各位说一句话："如果你已经很好地完成了前面14个训练，那么到这里你就会明白它们为什么非练不可。"

1 背靠墙，将手掌落于地面。

2 双脚依次踩墙，进入倒立姿势。

3 调整好姿势，将双手移动到离墙面约30cm的位置。

经验之谈

在练习过程中，你可能会觉得自己已经做得很到位了。但如果你把练习的过程拍摄下来回看，就会发现自己的姿势还有很多不足之处。事实上，这个动作的确是非常有难度的。从这个动作开始，次数就不那么重要了。你要把关注点完全放在动作的准确性上，也就是确保每一次都做到身体完全摆直、向下时下巴挨地的程度。只有这样，你的肩部和腰部肌肉才会得到充分锻炼。很多人都跑来问我——“把动作幅度减少一些、把动作次数增加一些是否可行呢？”我的回答是：“绝对不行。”没有达到标准的动作，根本算不上运动，只能算是劳动。

注意事项

向下时的动作是最值得关注的。从向下这一刻起，你就会清楚感受到自己的身体极限所在。背靠墙的时候，我们只要脚部用力踩就能轻松向下，但在做这个动作的时候却很容易一下子倒下来。我在练习这个动作的时候，也曾经很多次向侧边倒下去，使肩膀着地。如果你有足够的运动空间，不妨在脚下放一张垫子以防受伤。如果空间有限，那就在向下时先让下巴着地，再让一边的肩膀着地，最后向侧边滚动落地。总之，只要专注一些、小心一些，就没那么容易受伤了。

4 仅让脚尖挨着墙面，保持脚尖位置不动，屈肘向下做俯卧撑动作。

5 视线朝着地面，手肘正对墙面，缓缓向下直到下巴着地。

6 重新推起身体，保持整个身体呈一条直线。

16 背朝墙倒立俯卧撑

练习这个动作会让你发现之前学的“窄距俯卧撑”和“手肘贴地俯卧撑”全都派上用场了。大部分的俯卧撑教程在讲到这个动作的时候，都没有要求做到下巴着地的程度。但在我看来，既然做了，就应该尽可能地做到完美，使身体得到最充分的锻炼。如果你的手臂后侧和肩部已经足够有力，要完成这个动作是完全没问题的。一旦你完成了，就会收获到超乎想象的锻炼成果。

1 双臂打开稍大于肩宽，双手手掌置于地面，与墙面保持约40cm的距离。

2 抬起一只脚，做好倒立的准备。

经验之谈

大部分人第一次做的时候，都会忍不住让手肘向两侧歪曲，或者让面部落到双臂之间。如果这样，颈部、肩部就会负担过重，从而达不到锻炼效果。在做动作时，应该将视线始终放在墙面与地面的交界处，保持身体的伸展度。只有这样，才能做出如图所示的标准姿势。

注意事项

做几次之后，你可能会在下落之后再也上不去了。这时候不要慌张，先让头顶着地，再让双脚轮流缓缓落回地面上。

3 一只脚先上墙，膝盖弯曲90°，脚掌紧贴墙面。另一只脚伸直，保持姿势稳定。

4 双脚同时伸直靠墙，脚尖朝着天花板，保持姿势。注意臀部不能靠在墙面上。

5 屈肘向下做俯卧撑，注意肘关节不要朝向外侧。

6 向下时，尽量让额头落在墙面与地面之间的夹角处，动作要缓慢而谨慎。

17 背朝墙倒立俯卧撑升级版

关于这个动作，我有一段不得不说的亲身经历。在完成“背朝墙倒立俯卧撑”之后，我开始练习自由倒立。结果，我足足练了1000次，才用汗水和疼痛换来了成功的喜悦。而为了完成自由倒立俯卧撑，我又尝试了另外1000次。我意识到，要完成这两个高难度动作，必须拥有强健的下肢、腰部和腹部力量。而仅仅依靠硬举和负重训练是绝对无法达到的。为此，我尝试了各种各样的徒手练习，其中效果最为显著的莫过于我们马上将要学习的这个动作了。如果你一边练习这个动作，一边尝试自由倒立，相信不用练1000次就能达到目标。说不定，你只要练500次就够了呢？

1 手掌贴地置于距墙面约1m处。

2 抬起双脚脚尖，一只脚稍微向前，做好上墙的准备。

经验之谈

这个动作很难，但运动效果却是一流的。从这个动作开始，我们就要充分运用腰部和臀部的力量了。如果这两个部位没有发挥应有的作用，腹部就会负担过重，从而导致双腿无法稳定、动作失败。另外，肩膀的支撑力也很重要。在练习这个动作之前，不妨先通过一些伸展运动来激活全身的力量并找到身体平衡感。

注意事项

这个动作要求我们将身体扭转到十分奇怪的角度，完成起来有一定难度。而一旦在倒立姿势下摔倒，可能会严重受伤。为避免这种情况发生，最好在练习完整动作之前先学会如何在倒立状态下安全落地。首先，将头顶小心地放在墙面与地面的夹角处，然后再慢慢地把双脚依次往下放。注意动作一定要慢，千万不能急，否则，受伤就麻烦了。

3 双脚依次踩上墙（要比做之前的倒立上墙时更用力一些），然后让双脚脚掌贴于墙面。

4 臀部和腰部发力支撑身体，视线集中于墙面与地面的交界处，慢慢向下做俯卧撑。

5 继续向下，保持脚掌靠墙的状态，当头顶稳稳落在墙面与地面夹角处时停下来。

6 重新向上推起，注意保持整个身体呈一条直线。

18 面朝墙倒立俯卧撑升级版

这个动作和上个动作一样，要求我们首先掌握自由倒立。如果你已经能在自由倒立状态下完成一两个俯卧撑，练习这个动作就没有问题了。另外，这个动作要求你在倒立的基础上身体倾斜30°并始终保持稳定性，着实不易。

1 背朝墙而站，将手掌落于距墙约1m处。

2 双脚依次上墙并用力向上蹬，直到身体完全进入倒立状态。

经验之谈

在倒立状态下哪怕是往前移动1cm，也是极不容易的事。通过示范照片你们可以清楚地看到我向前移动的程度。建议你在练习的时候也采用拍照或摄像的方式检查自己的动作完成度。如果你已经扎实地完成了之前的训练，那么，相信征服这个动作就不成问题了。

注意事项

如果做这个动作的时候发现自己下落之后无法重新向上，就不要继续勉强，保持冷静并将双脚慢慢放回地面，力求安全落地。

3 腿部稍微向下挪动，手掌位置不动，身体向前倾。

4 腿部继续向下挪动，身体继续向前，屈肘并保持动作。

5 参考示范照片，争取将动作幅度做大一些。

19 自由倒立及自由倒立俯卧撑练习

这是德斯朗俯卧撑训练的最后一课，也是一门选修而非必修课。如果你认真完成了之前的全部练习，想必你的全身肌肉已经得到了充分锻炼，身材也早已达到令人羡慕的程度，即便不练这最后一个动作也是完全可以的。但既然你已经走到了这里，何不坚持到底呢？你难道不好奇自己的身体极限究竟在哪里吗？你难道不想迎接这充满刺激的终极挑战吗？来吧，一起来试试看！

1 双臂打开至大于肩宽10cm的程度，手掌大大张开，进入准备姿势。

2 抬起臀部，正式进入倒立准备状态。

经验之谈

这是俯卧撑系列的最后一个动作，也是最难的一个动作。自由倒立时，哪怕你的脚尖和腰部失去一点点平衡，都会立刻导致动作失败。如果你能坚持动作达到30秒，就能感觉到全身的肌肉仿佛经历了一次脱胎换骨。如果你感到自由倒立已经不难，就试着做自由倒立俯卧撑吧。一个、两个、三个……当你懂得怎么连续做时，如何落地也就难不倒你了。一般来说，正面落地是最安全的，从侧面落地则可能造成手肘轻微擦伤。尽量不要从背后落地，否则可能会严重受伤。

注意事项

自由倒立时，如果腿部向后过度倾斜，可能会导致整个身体从背后落地。在这种情况下，应保持冷静并尽量让脚掌先着地，以减少受伤的可能性。经过之前的大量训练，想必你的身体已经有足够的能力应对此类突发状况。所以，不要因为害怕受伤而不敢练习，只要时刻保持精神高度集中，受伤就没那么容易。

3 以自己认为舒服的方式进入倒立姿势，可以先抬起一只脚，也可以双脚同时抬起。

4 在倒立状态下调整好身体重心，将手肘朝着身体内侧弯曲，身体稍微向前移动。

5 从臀部开始依次让大腿、脚尖发力，保持双腿用力蹬的状态，缓缓地让下巴靠近地面。

第4章 德斯朗引体向上

在德斯朗教程中，最受欢迎的莫过于“初学者引体向上讲座”了。引体向上，可谓是广大男性最喜爱的健身动作，同时也是最难完成的动作之一。要完成标准的引体向上，一方面要求你具备足够的力量和平衡感，另一方面要求你不能超重。我身高176cm，体重只有64kg。如此完美的身高体重比完全是靠超严格的饮食控制和运动练就出来的，几乎没有反弹的危险。

很多人问我——“你这样的身高体重，怎么会练出如此健壮的身材呢？”事实上，我的身材并不算健壮，只不过是肌肉比较发达而已。这一半归功于运动，一半归功于我超低的体脂率。我的体脂率长期维持在3%—5%，所以脂肪几乎没有容身之处。脂肪一旦囤积，首先暴露于腹部。我一般是通过腹肌上的血管来判断自己的体脂状况。如果下腹部肌肉上血管不明显，就说明体脂率超过了5%。如果血管清晰可见，就说明体脂率正保持在3%左右。当然了，这只是我个人的经验，仅供参考。

绪论部分有点太长了，现在进入正题吧。引体向上究竟是怎样一种运动呢？简单来讲，在所有徒手运动中，除了倒立俯卧撑及其衍生动作之外，最难、最花时间的就是引体向上了。刚开始训练的男学员，如果是之前有运动习惯的，大概还能勉强做到10个。而如果是没有运动习惯的，一开始可能一个也做不了。

由简至难，循序渐进

德斯朗引体向上的课程安排是由简至难、循序渐进的。你只有跟随课程安排来学，才能最终完成示范动作。一开始，你可以踩在梯子上做上拉和下拉的动作，坚持1分钟。在这1分钟里，你会感觉到背部、肩部、腰腹部、腿部的力量全都被激活了。如果你还可以坚持，那就试着在铁杠上悬吊2分钟。这个动作对你的臂力和腕力会有更高要求。不少人都喜欢跳过这些基础动作，直接练习引体向上。对此，我只想以过来人的身份说一句话——请量力而行。一旦你感到勉强，就应该回过头重新练习基础动作。

在刚练引体向上不久的时候，我就萌生了挑战单手引体向上的想法。我不仅希望做到，还希望能像法兰克·麦德拉诺那样做得够慢、够漂亮。我相信以我的基本功，完成这个目标是没有问题的。为此，我跳过了前面的练习，直接开始练阿切尔引体向上、打字机引体向上，并准备尽快开始练习单手引体向上。然而第一次做阿切尔引体向上的时候，我就听到了肩部肌肉撕裂的声音，随后便意识到自己受伤了。这次受伤导致我连续两三个星期无法训练，既浪费了时间，又伤害了身体，真是得不偿失。你看，这就是忽略基础练习而造成的恶果。

从引体向上开始，我们就要正式加强肩部的训练了。你可能会问，引体向上明明是背部动作，为什么会用到肩部力量呢？这个问题我先不回答。等你练完单手引体向上、阿切尔引体向上和打字机引体向上之后，就自然会明白了。运动这件事，百谈不如一练。与其靠头脑去学，不如靠身体去领悟。先走出第一步吧！也许整个过程会花费一年以上的时间，但结果一定会让你喜出望外！

01

悬吊2分钟

不少德斯朗训练者第一次做引体向上的时候，都会因为虎口乏力、手腕疼痛而不得不从杠上下来。所以，我们很有必要先通过基础训练来掌握正确的抓握方式和用力技巧。在练习之前，你不妨先试着用手抓牢铁杠，再依次从手臂、肩膀、背部发力来保持悬吊姿势。如果你发现自己再怎么发力也无法坚持，就说明发力方式错了。先跟着我来做基础训练吧，等你能在杠上悬吊2分钟，就能进入下一个练习了。可别小看这两分钟，坚持起来可能比你想象的要难。

1 跳跃起身，双手抓杠。

2 抓杠时，用大拇指紧紧按住食指，保持姿势。

经验之谈

你可能会觉得很奇怪——为什么抓杠时一定要用大拇指紧紧地按住食指呢？这是因为大拇指是我们所有手指中力量最强大的，用它来固定住食指的位置，自然能让我们的抓握动作更加稳定。当然，如果你不借助大拇指的力量也能坚持2分钟，就最好不过了。有的人还会采用束缚带来固定手指的位置。我自己也用过一段时间，但很快就弃用了。因为在我看来，借助道具始终是懦弱的表现。用自己的力量战胜自己，才是最有意思的事。

注意事项

刚开始练习的时候，手掌皮肤可能会因为强烈的抓握动作而擦伤，并伴随强烈的疼痛感。这种擦伤是你即便戴上手套也避免不了的。不少人问我：“手这么疼，还怎么练啊？”对此，我的回答很简单——硬着头皮练！练到不疼为止！等到你手掌上生出了茧，自然就没那么痛了。而且，和练习产生的肌肉酸痛相比，这点疼还真不算什么事！

02

跳跃上拉

这个练习是为完全不会做引体向上的人准备的。练习时，应将50%的力量用于跳跃，将剩下50%的力量用于抓握铁杠，并尽可能地做出引体向上的姿势。每一组所能完成的次数就是你的身体所能承受的最大极限。这个练习至少要做到一次完成50个，才算是过关了。

1 双脚踩在支撑台上，稍微屈腿，双手抓住铁杠，身体向下沉。

2 跳跃的同时利用弹跳力做引体向上。

3 回到姿势1，反复练习直到力竭为止。

经验之谈

虽然这个动作看上去有点滑稽，对于初学者来说却是非常值得一练的。一方面它可以缓解腕部疼痛，另一方面也可以为接下来的动作打好基础。你可别小看它，我可是见过几个练它练到哭的人呢。先做做看吧，等你能一次性做完50个，就可以进入下一个动作的学习了。

注意事项

我发现不少新学员由于对引体向上的动作不熟悉，总是下巴撞到铁杠。这种状况一般不会有什么大碍，但真有人一不小心会咬到自己的舌头或者撞伤下颌。为避免此类状况发生，练习时应时刻保持精力集中，并注意铁杠与下巴的间距。

03 跳跃上拉并保持

如果你已经熟练掌握了跳跃上拉动作，就可以在此基础上练习杠上保持了。一开始，你可能刚做几个就感觉手臂酸痛得无法继续了。这时候，不妨先把动作拆分开来练习。先练跳跃上拉，再练杠上保持，等两个动作都充分掌握了，自然就能做得更多一些。先定一个小目标吧，一口气做完30个！

1 双脚踩在支撑台上，稍微屈腿，将上半身的重量完全放在铁杠上。

2 跳跃的同时利用弹跳力做引体向上。

经验之谈

如果你还不能完成标准的引体向上动作，不妨先试着通过这个练习打好基础，反复体会在手臂和上半身完全伸展的状态下做跳跃和杠上保持的感觉，多加练习。相信不久之后，你就能达到完成标准引体向上的水平了。

注意事项

做这个动作时，要注意在做不下去的时候及时停下来。虽然坚持到底精神可嘉，但如果因为精疲力竭而从杠上跌落，就非常痛苦了。当然了，能坚持还是要尽量坚持，切不可轻易放弃。

3 向下时脚向前伸，利用背部力量使身体向下。

4 保持动作，当整个上半身伸展开后，就可以把脚放在支撑台上，开始新一轮的练习。

04 上拉20次

现在，我们要开始挑战第一个难关了。这绝对是可以让你体会到什么叫“生不如死”的动作。等做完之后，你就会发现之前的跳跃上拉不过是小菜一碟。这个动作要求你在手臂完全伸展的状态下背部向后挤压，再完成手臂屈伸。一开始，你会觉得光是做到这一步就很难了。但做好这一步之后，你还必须学会用力上拉，直到下巴与杠同高。要完成整个动作，你的手臂、肩膀和背部都必须同时发力。但一开始你可能只能做到手臂和肩膀发力，等练习一段时间之后，才能掌握背部发力的技巧。

1 双臂打开至比肩宽10cm左右的程度，抓住铁杠。

经验之谈

在我看来，引体向上是所有运动中最难、最花时间的动作。尤其是将身体悬吊于铁杠上做拉伸，这个动作实在是让人吃不消。大部分人经过努力之后都能坚持做到10个以上，但再想增加就很难了。即便你到了一定水准，一旦肌肉量减少或体重增加，又会退回从前。要啃掉这块硬骨头，除了刻苦，别无他法，饮食控制也必须跟上。练吧，拼死拼活去练就对了！

注意事项

等你可以成功完成10个动作的时候，就可以拍摄自己的动作视频了。然后，你就可以通过视频检查自己的动作是不是和书上的一样。你可能会发现，自己的身体并没有挺得很直，上拉时没有完全做到位，向下时又多少借用了一些惯性……看完之后，你就会发现，自己完成的10个动作里恐怕只有5个是标准动作。我们有必要对自己严格要求，只有这样才会进步得更快。

2 保持身体不动，利用手臂和背部的力量向上。

3 继续向上，直到下巴移动到高于铁杠的位置。

4 缓缓下落，回到姿势1，反复练习。

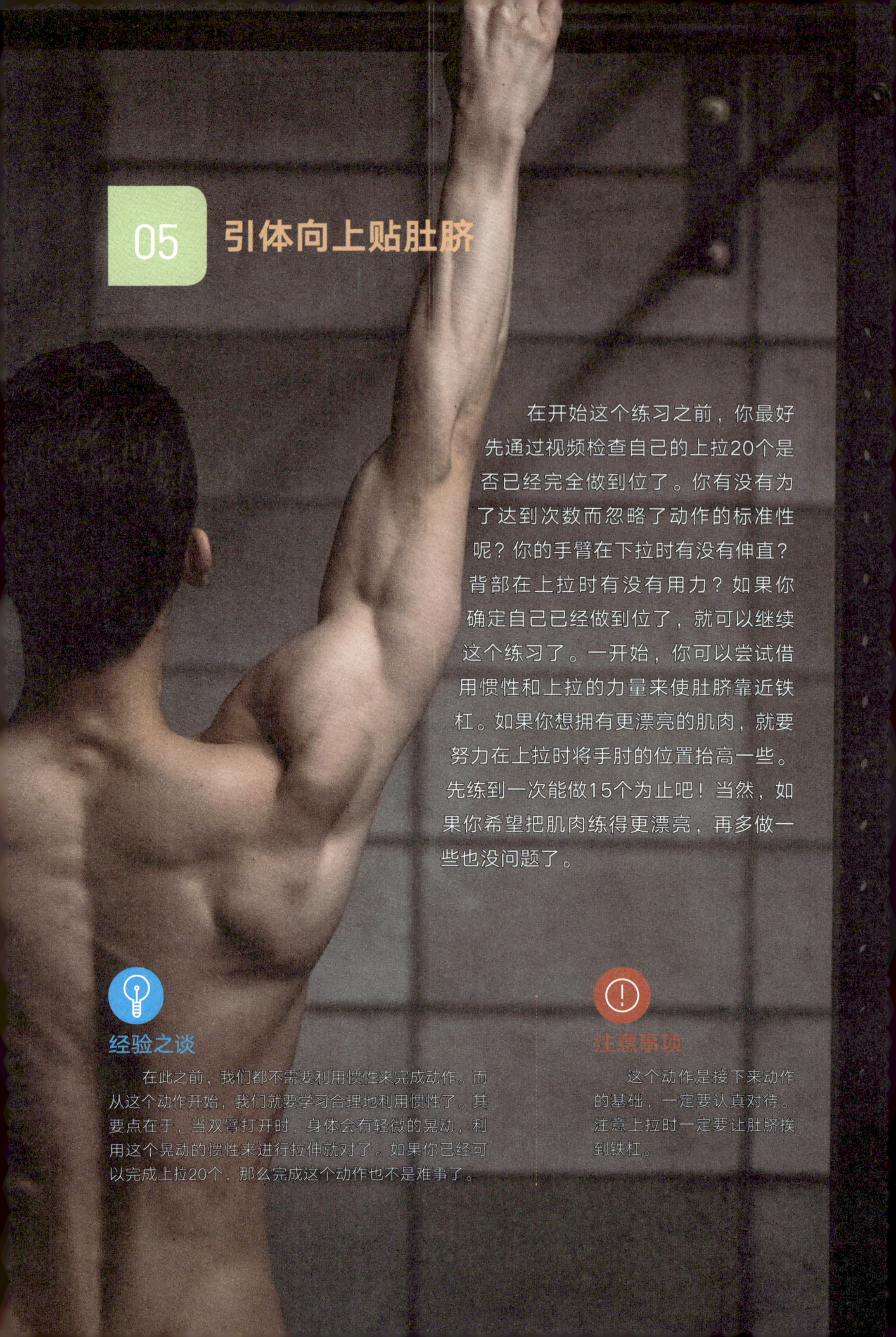

05 引体向上贴肚脐

在开始这个练习之前，你最好先通过视频检查自己的上拉20个是否已经完全做到位了。你有没有为了达到次数而忽略了动作的标准性呢？你的手臂在下拉时有没有伸直？背部在上拉时有没有用力？如果你确定自己已经做到位了，就可以继续这个练习了。一开始，你可以尝试借用惯性和上拉的力量来使肚脐靠近铁杠。如果你想拥有更漂亮的肌肉，就要努力在上拉时将手肘的位置抬高一些。先练到一次能做15个为止吧！当然，如果你希望把肌肉练得更漂亮，再多做一些也没问题了。

经验之谈

在此之前，我们都不需要利用惯性来完成动作。而从这个动作开始，我们就要学习合理地利用惯性了。其要点在于，当双臂打开时，身体会有轻微的晃动，利用这个晃动的惯性来进行拉伸就对了。如果你已经可以完成上拉20个，那么完成这个动作也不是难事了。

注意事项

这个动作是接下来动作的基础，一定要认真对待。注意上拉时一定要让肚脐挨到铁杠。

1 双手抓杠，悬吊于杠上。

2 用力向上，直到肚脐挨到铁杠。

3 伸直手臂向下，稍微利用惯性重新向上，反复练习。

06 引体向上

要完成这个动作，一半靠力量，一半靠领悟力。做的时候要先抓住铁杠让身体轻微晃动，再利用晃动所产生的惯性带动身体向上，直到肚脐挨到铁杠。接下来，还要尽力推起上半身，直到双臂完全伸直。如果你之前的练习都顺利完成了，那么完成这个动作就只是时间问题了。

1 悬吊于杠上，双腿伸直。

经验之谈

这依然是个对基本功有要求的动作。如果你已经充分掌握了跳跃上拉和引体向上贴肚脐这两个动作，那么一口气做完5个就不是问题了。但如果你仅仅掌握了要领，却没有用足够的力气去拉伸，那么恐怕顶多只能完成一两个。所以，一定要先通过前面的练习，储备充足的力量，再进行本动作的练习。

注意事项

一开始，当你在杠上到达最高点向下看的时候，可能会对自己所处的高度估计错误。在这种情况下，一旦你从杠上下来时没有很好地控制重心，又早早地松了手，便有可能受伤。所以，下杠的时候一定要保持精力集中并尽可能地慢一些，等重心完全稳定之后再放手。

2 双腿向后，再用力向前蹬，带动身体前后摇晃。

3 将身体上拉至肚脐挨到铁杠的程度。

4 继续向上，直到双臂完全伸直。

5 向下时利用惯性再次前后摇晃身体，反复练习。

07 单手引体向上热身

从这一课开始，我所讲授的内容就是选修而非必修了。如果你希望练就帅气的单手引体向上动作，在杠上如摆脱重力般自由移动，就很有必要学习接下来的课程了。当然，如果你的目标仅仅是拥有结实的好身材，那么停留在上一课也是完全可以的。

1 一只手抓杠，另一只手抓住旁边的柱子，身体悬空。

2 利用抓杠的单手力量尽可能地上拉，另一只手则负责稳住身体重心并支撑约20%的体重。

3 上拉，直到下巴高于铁杠。

经验之谈

有的人可能会问了：“这个动作有什么好练的？”很简单，当然是为接下去的动作做准备了。往下翻你就会看到，阿切尔引体向上和打字机引体向上都是一只手负责拉伸，另一只手利用肩部力量推举并支撑。在挑战这两个动作之前，如果没有任何预备练习，是100%会失败的。所以，一定要好好练习这个热身动作，并达到可以一口气做完10个的程度。

注意事项

如果你一开始就尝试这个动作，可能会受伤。一定要确保之前的训练都已经好好地完成了，然后再开始这一轮的挑战。这样，你才会懂得如何使肌肉朝着正确的方向用力。

08 阿切尔引体向上

演员苏志燮曾经因为在电视剧里展示这个动作而成为热门话题。他作为演员能够完成如此高难度的动作实属不易，但坦白来说，离标准动作还有一段距离。就这个动作而言，手臂是否完全伸直是判断标准与否的关键。手臂没有伸直，就好比做俯卧撑时没有做到胸部挨地一样，是完全不能算数的。而且伸直手臂需要耗费的力气是没有伸直的两倍，对肌肉的刺激程度同样是两倍。只有你的手臂具备足够的力量，才能达到让手臂伸直并带动身体向上的水准。如果你毫无准备就开始练习这个动作，恐怕会连续两个星期都抬不起手臂。所以，先练好单手引体向上热身动作并配合各种德斯朗训练，等身体具备一定的力量水平之后再挑战这个动作才是明智之举。

经验之谈

这是我最喜欢的一个动作。一方面当然是因为它够帅气；另一方面也是因为它对背部和肩部肌肉的塑造效果非常出色。很多学员在训练的时候都把这个动作作为引体向上系列的收尾动作，可见它难度和强度都非同一般。

注意事项

如果你利用弹跳力迅速地起身再迅速地下来，那运动效果恐怕要打对折了。在做的时候一定要尽可能缓慢地拉伸，一边感受身体的用力，一边体会肌肉的拉伸。如果面前有面镜子，你就会清楚地看到自己的肌肉是如何经历考验的。

1 双手尽可能张开，抓住铁杠，身体悬吊于杠上，找稳重心。

2 一只手臂伸直，另一只手臂用力带动身体向上。

3 当负责用力的那只手臂肘关节呈直角时，伸直的手臂利用肩部力量在杠上下压，保持姿势。

4 将下巴移动到负责用力的那只手上，另一只手在杠上伸直，感受肩部肌肉的强烈拉伸。

09 打字机引体向上

打字机工作的时候，每打完一行，就会重新回到第一列。而这个动作看上去与打字机工作的情形颇为相似，所以被称为“打字机引体向上”。它要求你在完成阿切尔引体向上的上拉动作之后，将下巴抬到铁杠上，再将处于屈肘状态的手臂与伸直状态的手臂作用互换，进行新一轮的动作。说起来简单，做起来却没那么容易。注意一定要小心地、慢慢地来做，以避免肩部受伤。当负责拉伸的手臂转换为负责推举时，最容易引起肌肉拉伤。现在说这些你可能还理解不了，先尝试去做吧，等做完你就明白了。

1 双臂尽可能张开，抓住铁杠，身体悬吊于杠上，找稳重心。

2 一只手臂伸直，另一只手臂用力带动身体向上。

经验之谈

我在练习引体向上系列动作的时候，一路畅通无阻地做到阿切尔引体向上，到这个动作的时候却因为受伤而不得不停了下来。当时，我正在拍摄教学视频，做到第五组的时候，就在杠上转换双臂作用的节点上，让原来受过伤的肩部区域又拉伤了。不过，从那以后，我再也没有在这个动作上受过伤。因为我的身体已经有了防范意识，逐渐适应了这个动作的节奏。你看，人类的身体就是这么奇妙。

注意事项

如果可以的话，最好在上拉之后保持身体高度反复进行双臂作用交换的练习。但如果确实在中途累了，需要休息，就可以将双臂伸直回到悬吊姿势，等体力恢复之后，再从反方向进入阿切尔姿势，重新开始练习。

3 当负责提拉的手臂的手肘弯曲至90°时，伸直的手臂利用肩膀的力量向下压杠，并保持。

4 将下巴移动到负责提拉的手上方，另一只手臂继续伸直，感受肩部肌肉的强烈拉伸。

5 头部向另一边移动至铁杠的中部，原本负责提拉的手臂转换为负责推举的手臂，而原本负责推举的手臂转换为负责提拉的手臂。

6 转换完成后，继续练习并反复。

10 单手引体向上

到了突破引体向上的阶段，即使本人下定决心也只能做5个，这是非常高难度的运动。当我的运动实践能力达到某种程度时，我会偶尔好奇我现在的身体能控制到什么程度。因为接近表演，所以没有必要非得增加次数。好好热身，再扑上去。做这个的时候被墙挂了好几次。

经验之谈

这绝对是一个累死人的动作。即便你只做了5个，第二天所感受到的肌肉酸痛也绝对比慢慢做完100个普通的引体向上要多得多。当然，与之相对应的是，它无可比拟的运动效果。在做这个动作时，要找稳重心是一件很不容易的事，毕竟你必须在摇摇晃晃的状态中找准时机进行拉伸。在向下的过程中，如果感觉重心不稳，也应找准重心后再重新上拉。

注意事项

练习这个动作，可以说是为了炫技。如果你已经练到了阿切尔和打字机，就足够拥有令人羡慕的好身材了。而完成这个动作，除了要具备足够的训练量和肌肉量之外，还需要保持相当标准的体重。此外，练习途中还要格外小心，以避免肌肉拉伤。与其说它是一项运动，不如说它是一个挑战。对我而言，它至今仍然是挑战。

1 单手抓住铁杠，悬吊于空中。

2 利用单手抓杠的力量抬起身体，一直到下巴挨到铁杠为止。

3 保持姿势一段时间，再慢慢下来，反复练习。

第5章 德斯朗高低杠

高低杠是一种十分经典的健身器材，你可以在任何一个公园里看到它的身影。即便你平日没有练过杠上动作，在服兵役期间也是肯定要学的。凡是需要脚部离开地面的动作，都不容易完成，高低杠也一样。但是，它会比俯卧撑更好地刺激到胸部、肩部和手臂部位的肌肉。而这项运动的做法，可以说是多种多样的。

和其他很多健身项目相比，高低杠算是十分“友好”的运动了。只要你肯多做，就一定能收获理想的成果。但你最好还是按照本书的要求，争取把动作做得更到位、更精准一些。比如双手抓杠时要让腹部和臀部发力，以避免身体前后摇晃；比如上杠之后一定要保持脚尖绷直，以使重心更加稳定；比如向下时要尽可能地放低身体。很多人第一次做的时候觉得自己已经做到位了，一旦照镜子或者回看训练视频才会发现，其实离标准还有一段距离。不过，在肌肉力量还不够强的状态下，不要勉强自己去完成标准动作，否则很容易受伤。人体是奇妙的，当你经过长时间的训练充分挖掘自己的潜能，你就会为自己所能做到的程度而惊讶——“原来，我竟然可以达到这个水平！”

太多的人在运动这件事情上输给了时间。不要奢望在短时间内获得惊艳的成果，给自己至少一年的时间，不一定每天练，但一有空就要去练，总有一天你会发现自己的身体已经在不知不觉间完成了蜕变。高低杠练起来并不复杂，只不过是要掌握垂直动作和有角度的动作，而它们的要求其实都一样，就是要让肩膀向下碰到手为止，再尽可能伸直手臂带动身体向上。为了达到动作要求，唯一的途径就是不断地练习、练习、再练习。一般来说，我在做杠上训练时是每组做30个。你可以将垂直练习和有角度的练习结合起来，这样每次转换角度的时候肩部肌肉就会得到全方位的刺激，从而达到更好的锻炼效果。

先走出第一步

你可以先练15个垂直动作，再练15个有角度的动作，这样一组30个动作就完成了。从第二组开始，每一组的动作次数可以逐渐减少，但每一个动作都要务必做到位。在此基础上，你还可以不断地挑战自己的极限，尝试每组多做一些，但一定要适可而止，一旦感到身体支撑不住，就立刻停下来。

有的人认为高低杠运动太难，于是还没开始就打了退堂鼓。不要轻易为自己设限。只要你走出了第一步，你就会发现一切并没有想象中的那么难。你的潜能超乎你的想象，快跟随德斯朗踏上探索自身极限的旅程吧。

01 跳跃垂直撑杠

对于没有接触过高低杠训练的人来说，光是上杠后保持重心稳固就很不容易了。一旦重心不稳，就无法长时间保持动作，而如果不小心从杠上跌落，后果就比较严重了。如果你已经做好准备，就全神贯注地开始第一次训练吧！别担心，第一个练习不会很难。

经验之谈

如果你上杠之后总是感到重心不稳、无法坚持，那就一定要先把这个动作练好。等你能一口气做完50个的时候，自然就有足够的力量去保持身体的稳定了。

1 将高低杠的高度设置为进入姿势后可勉强着地的程度。如果你使用的是固定高度的杠，就借用箱子、小桌子等来调节高度。

2 握住铁杠，跳跃起身，使身体与手臂都完全进入伸直状态。

3 刚落地就立刻跳起，反复练习。

注意事项

第一次练习完一组之后，你可能会感觉整个身体都不是自己的了。如果你采用了辅助道具调节高度，就一定要确保道具的稳固性。否则，当你在疲惫状态下落地时，一旦脚下没有踩稳，便有可能受伤。

02 跳跃垂直撑杠并保持

当你完成上一个动作的练习之后，你的身体肌肉已经或多或少掌握了一些在杠上用力的技巧。如果你已经做好准备迎接新的挑战，就开始这个动作的训练吧。一开始与上个动作的步骤完全一样，只不过在下落之前要在杠上多保持一段时间。

1 将高低杠的高度设置为进入姿势后可以勉强着地的程度。如果你使用的是固定高度的杠，就借用箱子、小桌子等来调节高度。

2 握住铁杠，跳跃起身，使身体与手臂都完全进入伸直状态。

3 缓慢地保持动作，然后向下。

4 注意下落时动作一定要尽可能地缓慢，直到双脚着地时几乎不会发出声音，也感觉不到冲击力即可。

5 重新跳跃上杠，开始新一轮练习。

经验之谈

刚开始做这个动作的时候，你可能坚持不了一会儿就做不下去了。你不妨先给自己设置一个目标次数。比如目标为30次，你就尽自己最大的努力做到30次，如果实在不行，就把动作替换为上一课的跳跃垂直撑杠。如此反复练习，就会越来越有力量。相信不需要很长的时间，你就能完全以标准动作来完成目标次数的练习。

03 垂直撑杠半俯身

如果你已经懂得如何在杠上保持稳定，且具备足够的肌肉力量，就可以尝试在杠上半俯身再起身的练习了。这一练习可能会非常费时费力。在俯身向下时，要注意控制向下的幅度，不能超过自己可以承受的范围。你可以一开始先向下5cm，再试着向下10cm，最后再挑战15cm……这样一来，就能慢慢进步了。

经验之谈1

练习到这个程度，想必你已经有一些野心了。再加上此时的你已不必为重心不稳而担心，练习就成了一场自己与自己的意志力对决。从这个练习开始，你要将“感到痛苦才是运动的开端”这句话牢记在心。当俯身向下之后上不来的时候，一定要努力多试几次，这样才能更快进步，迈入运动高手的行列。

经验之谈2

当你的运动能力不断增强之后，运用惯性的能力也会有所提升。但惯性这种东西，不能滥用。只有当你具备相当的运动能力之后，才能合理地使用惯性。而如果你选择不用惯性，可能会感到更辛苦，但相应地，运动效果也会更好。尽可能地伸直身体、全身用力，并缓慢地做动作，就能避免惯性的介入。始终牢记，动作的标准性远比动作的次数更重要。

1 上杠，尽可能地伸直手臂和全身，保持动作。

2 保持身体的直立状态，缓缓俯身向下，直到手肘弯曲90°。

3 重新推起身体向上，回到初始动作。

04 垂直撑杠并俯身

完成上一个动作之后，想必你已经具备足够的力量在杠上保持稳定了。如果你已经有信心完成更高难度的挑战，就试试在杠上保持动作吧。首先尽可能地伸直手臂，然后俯身向下直到下巴达到与双杠等高的程度，再努力起身回到起始动作。俯身向下时，要尽量要求自己做到和示范照片中的一样。在这个过程中，你可能会清晰地感受到肌肉被撕裂的滋味，尤其是胸部和肩部的感受十分强烈。总而言之，这会是一个强度非常大的动作，但相应的锻炼效果也非常好。

1 双臂支撑身体上杠，尽可能地让身体与手臂处于笔直状态。

2 缓缓俯身向下，直到下巴达到与双杠同高的程度。

3 重新推举身体向上至初始动作，注意不要借助惯性。

经验之谈

现在，你已经充分掌握了在杠上做俯身运动的技巧。但需要注意的是，不能为了达到动作次数而忽略动作的标准性。我就犯过这样的错误。在录制教学视频的时候，我一开始还做得很到位，随着次数增加，俯身后下巴到达的最低点就越来越高。结果回看视频的时候才发现，自己做了半天都白做了。所以，我一定要向各位再重申一次——越是困难的动作，越要争取把每个动作都做到位，哪怕次数减少一些也无所谓。要知道，欲速则不达。慢慢来，反而会比较快。

注意事项

跳跃垂直撑杠时，肩部在双杠之间处于深度内收的状态，双脚则远离地面，此时身体的运动范围大大受限，一旦落地失败，就很容易受伤。所以，一定要在开始运动之前调整好高低杠的高度，并确认支撑道具足够稳固。

05 向前俯身撑杠半动作

如果你已经充分掌握上一个动作，能够一口气做到20个以上，那么就试试接下来的练习吧。这个动作将锻炼的重点从肩部转移到了胸部，做起来相对比较轻松。你只需要将臀部稍微抬高，将身体调整到可以胸部发力的状态，然后不断地俯身再起身就可以了。一开始，你可能会觉得光是抬起臀部、伸直腰背并保持动作就十分困难，不妨试试将俯身的幅度减小一半。然后慢慢练习吧，直到你完全掌握它为止。

1 上杠，伸直手臂，在腰背挺直的状态下将臀部抬起约45°，保持姿势。

2 缓缓俯身向下，直到手肘弯曲呈90°。注意过程中其他身体部位不要动。

3 重新伸直手臂，回到初始动作。

经验之谈

很多人在做这个动作的时候，俯身向下时很认真，起身向上时却马马虎虎、一笔带过。要注意向上的动作与向下的动作同样重要，必须一视同仁。向上时，要时刻关注自己的手臂是否有正确伸直，起身动作是否已经到达足够的高度。还是那句老话，动作的标准程度远比动作次数重要。

注意事项

如果你俯身再起身时腰背没有挺直，胸部就会没有足够的力量支撑。要记住一定要尽可能地挺直腰背，并让背部肩胛骨处于内收的状态。如此一来，胸部肌肉才会获得比肩部肌肉更强烈的刺激。如果腰背没有挺直，那这个动作和前一个动作就没什么区别了。

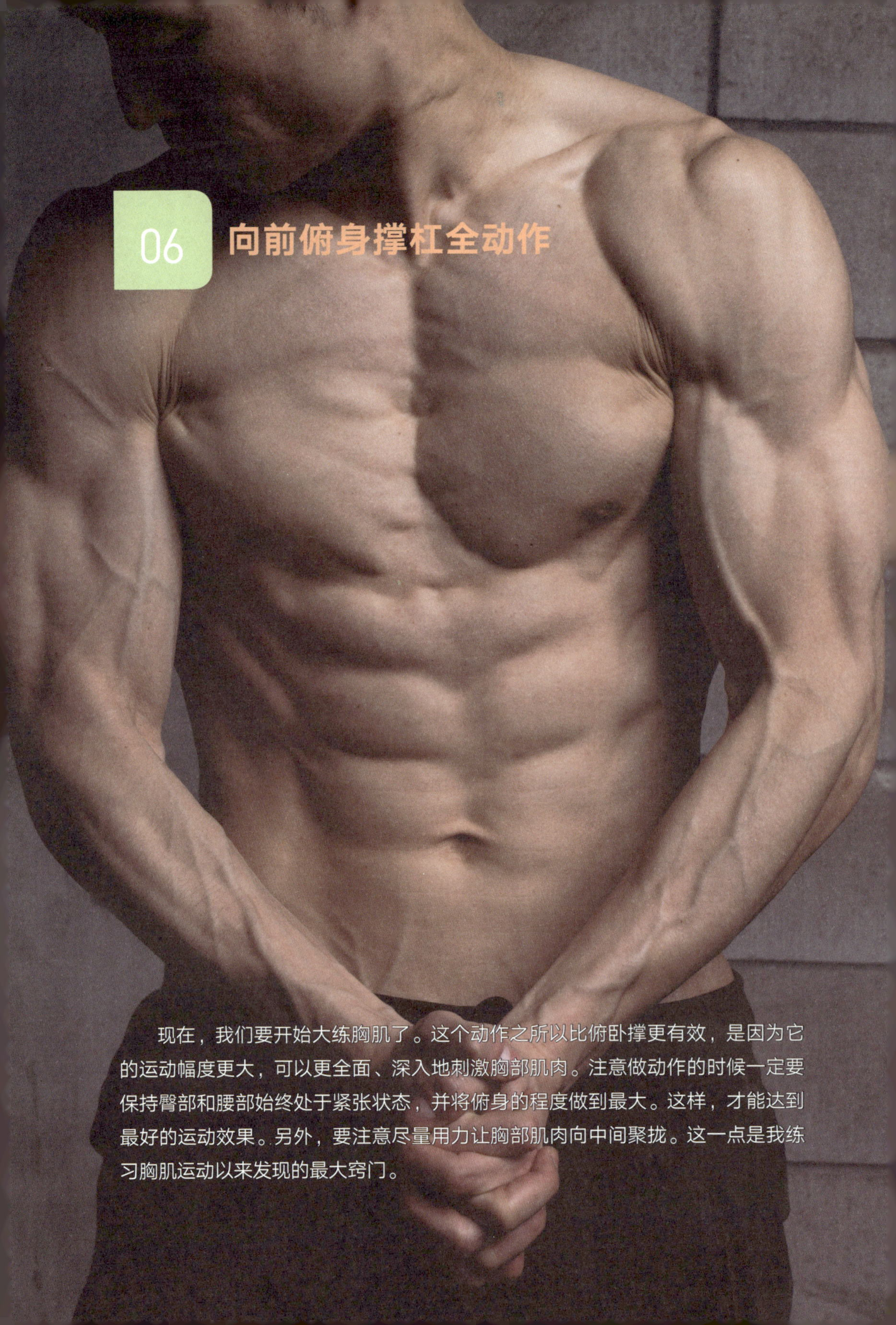

06 向前俯身撑杠全动作

现在，我们要开始大练胸肌了。这个动作之所以比俯卧撑更有效，是因为它的运动幅度更大，可以更全面、深入地刺激胸部肌肉。注意做动作的时候一定要保持臀部和腰部始终处于紧张状态，并将俯身的程度做到最大。这样，才能达到最好的运动效果。另外，要注意尽量用力让胸部肌肉向中间聚拢。这一点是我练习胸肌运动以来发现的最大窍门。

1 上杠，伸直手臂，腰部挺直，臀部抬起约45°，保持姿势。

2 俯身向下，直到面部与铁杠同高。屈肘，背部肩胛骨尽可能内收。注意腰部不要拱起，时刻保持挺直的状态。

3 起身向上，重新伸直手臂，回到初始动作。

经验之谈

在做胸肌运动时，一定要注意背部肩胛骨的位置。如果肩胛骨处于外扩的状态，则胸部肌肉无法很好地发力，力量都转移到了肩部。如果肩胛骨尽可能内收，则胸部成了主要的发力部位。所以，一定要挺直腰背并收紧肩胛骨，这样才能达到充分锻炼胸肌的效果。

注意事项

很多人在俯身向下时动作很标准，但到了起身向上时却忍不住拱起腰背、臀部下塌了。所以无论是在俯身还是起身时，都要提醒自己在肩部和胸部用力的同时尽可能地保持全身其他部位的稳定性。

第 6 章

德斯朗下肢运动

在众多健身项目中，下肢运动应该算是最费力，也最不受欢迎的了。理由很简单，我们的腿部总是处于裤子的掩盖下，所以即便肌肉不够发达也不会像手臂部位那样明显。再加上全身肌肉中腿部肌肉的块头最大，练起来相当辛苦。所谓的“练到快吐了”，一般都是发生在练完下肢运动之后。但是，下肢的锻炼是万万不可少的。

首先，只有让下肢具备与上肢同等的肌肉力量，才能完成各种高难度的全身动作。

其次，没有紧翘的臀部与结实的腿部，是绝对无法拥有完美身材的。

从下面这张照片中你可以看到，我的腰部上方有清晰可见的臀肌线条。这很大程度上要归功于我严格的饮食控

制，如果没有勤奋的下肢肌肉练习，也绝对达不到这样的效果。下肢运动的动作并没有什么难点，你只要掌握几个基本姿势，再努力练习就足够了。

很多运动项目一累起来就根本做不下去，而下肢运动并不会这样。即便你感到辛苦，只要咬牙忍一忍，总是能继续做下去的。比如说，如果是做引体向上的话，一旦力气用光了就真做不了了。而深蹲的话，即便你已经很累了还是可以坚持多做几个。只不过，很多人在感到疲惫时直接选择了放弃。从某种意义上来说，练腿部和臀部肌肉可以说是最简单的事了，只要坚持、坚持，再坚持就对了。

在深蹲动作中，跳跃深蹲属于比较容易的动作，也是必练的动作。而从负重深蹲开始，就可根据个人的身体状态和运动能力来判断是否继续了。虽然运动强度越大，效果越好，但如果肌肉还没有做好充分的准备，在运动过程中就很有可能受伤。

像深蹲和臀桥这样的动作，必须将所有的力量集中在身体的中央部位。但很多初学者还没有学会如何控制力量的分布，就很容易将重心放在那些控制起来更轻松的部位，造成动作不到位。做深蹲时，一定要注意让双膝、双脚和肩膀的中线呈一条直线，且保持身体垂直于地面。而做臀桥的时候，要将力量集中在身体核心部位，并用前脚掌支撑起自身重量。详细的动作说明还是在接下来的教学中慢慢讲吧。

错误的深蹲姿势

深蹲的原理很简单，就是用下肢力量支撑起自身体重量或更多的重量。也就是说，这是一项从垂直方向战胜重力的运动。因此，在让下肢承载重量之前，必须找到让身体重心稳定的姿势，这样才能很好地发挥锻炼效果。正确的深蹲姿势在接下来的教学环节中会有详细说明。现在，我们先来看几种常见的错误深蹲姿势。

首先，是将重心放在脚趾上的错误深蹲姿势（图1）。这样的姿势伴随着膝盖前倾，会导致膝盖部位承重过大。那些做完深蹲就喊膝盖痛的人，大多是采取了这个姿势。如果你在无器械的状态下这样做，可能还不会有什么特殊感觉。而一旦你加上器械的重量，就会立刻发现这个姿势根本做不下去。另外，它还有可能造成关节损伤。所以，一定要避免。

其次，是膝盖没有前倾但重心依然放在脚趾上的错误姿势（图2）。在标准姿势下，臀部与臀部正下方的大腿肌肉会得到充分的锻炼。而一旦抬起脚后跟，使重心落在脚趾上，大腿和膝盖就会承受过多的重量。很多人一开始做得好好的，到后来没力气了就开始抬脚后跟了。这样一来，不仅运动效果大打折扣，还会造成膝盖疼痛。

最后一种错误姿势，是上半身过于前倾的姿势（图3）。试想采取图中姿势的人现在要举起20kg的哑铃，显然很可能会失败。如果他的臀部和腰部力量足够，兴许可以勉强举起来，但显然并没有达到锻炼腿部和臀部肌肉的目的。因此，要注意让肩膀和胸部的位置不超过膝盖，才能做出标准的姿势来。

图1

将重心放在脚尖的错误姿势

图2

将部分力量放在脚尖的错误姿势

图3

上半身过于前倾的错误姿势

错误的弓步姿势

做弓步的时候，要让力量全部集中于前脚掌。在动画片《灌篮高手》里主角樱木花道有句名言——“左手只是辅助”。我把这句话改一改，就成了“后脚只是辅助”。但也不能因为这样，就完全不让后脚受力。即便是射箭的时候，负责拉弓的那只手也不能无所事事。图1的姿势虽然的确是将力量集中在了前脚掌，但膝盖过度前伸了。这样非但达不到锻炼效果，还可能造成膝盖损伤。图2的姿势同样不可取，虽然做到了将力量放在前脚掌，但明显身体过度前倾了。图3的动作问题在于前脚与后脚距离过大。图4的动作将身体重量过度放在了后脚，同样达不到理想的运动效果。

图1

膝盖过度前伸的错误姿势

图2

上半身过度前倾的错误姿势

图3
前脚与后脚间距过大的错误姿势

图4
身体重心过度放在后脚的错误姿势

深蹲姿势注意事项

深蹲可以说是最广为人知，也最容易学的下肢运动。只要找到正确的重心位置再注意挺直腰背，就能做出标准动作来。说起来简单，要做到一定的数量却相当辛苦。

如下图所示，做深蹲时应保持双肩、双脚与双膝在同一条延长线上。当重心找稳之后，再挺直腰背。但在教学过程中，我经常跟学员讲的话是“要让腰背稍微拱起来”。曾经有人在社交网站上留言说，拱腰的动作会造成肌肉损伤。但以我个人的经验来看，即便你努力拱起腰背，最后达成的效果也顶多是让腰背挺直而已。而你如果一开始就想着挺直腰背，结果往往是离真正的挺直还有一段距离。在稍微拱起腰部的同时，要保持盆骨的稳定性，并尽可能地让大腿与腹部相贴，臀部向后翘，下腹部向内收。如果你能做到这个程度，离正确姿势也就不远了。

图1

一上来就让膝盖前倾的错误姿势

图2

只注意挺直腰背却忘了膝盖不能前倾的错误姿势

图3

腰背挺直但上半身过度前倾的错误姿势

01 半深蹲

顾名思义，这个动作只要做到标准深蹲的一半就好。刚开始做深蹲的人由于腰部肌肉力量不足，很难做出标准动作来。就算勉强做了，也会出现腰部完全无法挺直的状况。既然如此，倒不如一开始先练习半深蹲姿势，等有一定的肌肉力量之后再做标准深蹲。半深蹲姿势只要求你让大腿、臀部向下达到与地面水平的程度，让腿部承受50%的自身重量，腰部承受另外50%的重量，以此来锻炼这两个部位的肌肉。好好练习吧，等你能一口气做到50个，就能进入下一个动作的学习了。

经验之谈

迄今为止，我已经讲解过几千次深蹲动作了。用最简单的话来说，就是下蹲并将重心放在后脚跟，胸部朝向正前方，保持姿势直到臀部和大腿与地面呈水平状态。此时，由于重心是在后脚掌，所以力量集中在了大腿后侧和臀部下方。很多人按这样的方法去做，很快就做到位了。但一旦从站立状态进入深蹲，又找不到感觉了。如果你感到自己的深蹲姿势不够标准，就试试重新回到初学者的状态，从完全蹲下去的姿势中找到重心在后脚跟的感觉，再一点点起身进入深蹲姿势。

注意事项

虽然这是半深蹲动作，很多人还是会因为腰部力量不足而无法保持胸部朝向正前方。这个问题没办法迅速解决，只能靠长时间的练习。等你腰部力量足够了，自然就能让上半身朝向正前方了。还有一个简单的办法，那就是在伸直手臂时将双臂打开一些，以便使胸部有更充足的空间向前伸展。

1 双脚张开同肩宽，背部保持笔直。

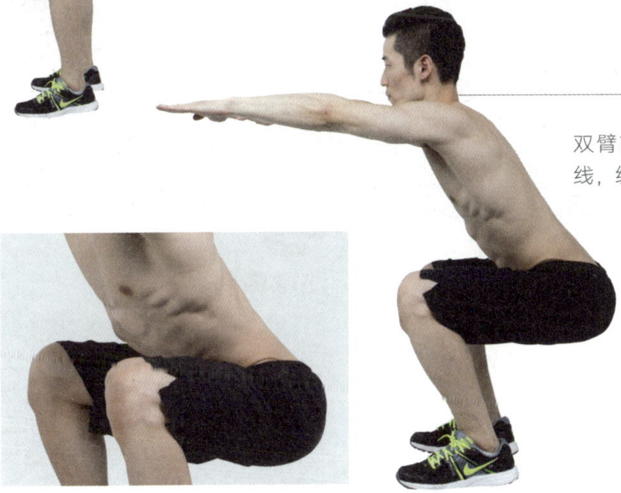

2 双臂前伸，腰背呈一条直线，缓缓向下坐，再起身。

02 完全深蹲

如果你已经通过练习半深蹲获得了足够的肌肉力量，就自然可以做出完全深蹲动作了。这个动作只不过要求你在半深蹲的基础上再向下坐大约20cm。通过这个动作，我们可以深度强化臀部肌肉，使臀部呈现出紧致有型的状态。可能你也听说过“深蹲能让你的屁股长到腰上去”这句话。通过下图你就可以看出，我的竖脊肌正下方和侧面就是发达的臀部肌肉。如果你也想拥有这样的身材，就赶快开练吧。

经验之谈

刚开始做完全深蹲的时候，你肯定会感觉到腰部和盆骨疼痛。这是正常现象，因为腰部和臀部在动作完成的过程中得到了充分的锻炼。通过图4你就可以看出，我的整个腰部都处于伸展状态。如果感觉到腰痛，不要惊慌。这不是受伤，而是正常的运动后肌肉痛。

注意事项

做完全深蹲时，很多人即使做到完全蹲下来了，依然无法保持腰部的稳定性。由此可见，腰部在做这个动作的时候承受了非常大的压力，感受到疼痛也就成了理所应当的事情。

1 双脚张开同肩宽，背部保持笔直。

2 双臂前伸，腰背呈一条直线，臀部向后，缓缓向下坐。

3 进入半深蹲姿势。

4 进入完全深蹲姿势。

03 负重深蹲

如果你不是想练就粗壮的腿部线条，就不必做负重过大的深蹲。但是，如果你已经达到做100个深蹲也完全不累的水平，就只能通过负重深蹲来继续锻炼腿部肌肉了。你可以在书包里装一些哑铃或装满水的饮料瓶，再背着书包做完全深蹲。这样，你就能练出更健美的腿部肌肉，拥有更完美的身体线条。

经验之谈

为了尽可能让肩部多承重，不妨将书包的带子系短一些。带子越长，重心就会越往后倾。

注意事项

注意负重不宜过大，否则部分重量压在背上，会导致深蹲动作无法完成。

背好书包，双脚张开同肩宽，挺直腰背。 1

2 进入完全深蹲姿势，再慢慢起身。

04 跳跃深蹲

1 双脚张开同肩宽，挺直腰背站好。

2 进入完全深蹲姿势。

经验之谈

这个动作的强度是上一个动作的两三倍，做起来非常痛苦。因为从跳跃进入下蹲姿势，中间完全没有任何的过渡。即使将动作分解开来，也只分为空中跳跃与完全下蹲这两个动作。注意动作之间不要停顿，蹲下去之后就要立刻跳起来。

注意事项

注意跳跃的时候，要让脚后跟先离开地面。一开始你可能做得很顺利，等渐渐没力气了就会出现重心前倾、脚尖承重、膝盖前伸等错误。要记得，跳跃的瞬间就是跳跃而不是深蹲，保持姿势的准确性是最为重要的。

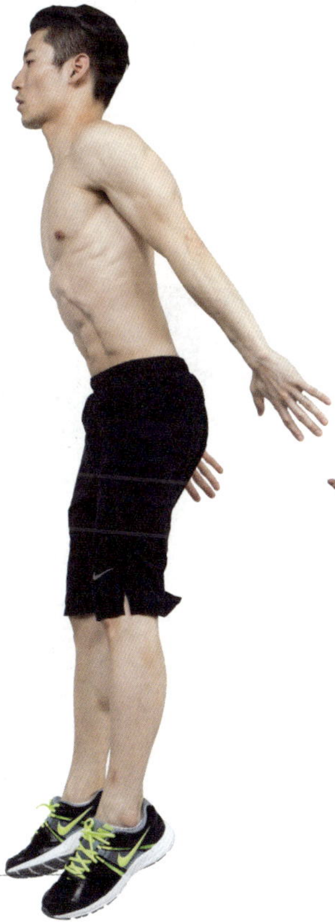

3 起身跳跃。

4 回到姿势2。

05 负重跳跃深蹲

这个动作比跳跃深蹲又要更难一些，可以给下肢肌肉带来更强烈的刺激。做的时候只要在上一个动作的基础上完成跳跃深蹲就可以了。

1 背上有一定重量的书包，双脚打开同肩宽，挺直腰背。

2 进入完全深蹲姿势。

经验之谈

跳跃深蹲已经是高强度动作，这个动作就更不用说了。与跳跃深蹲一样，这个动作在深蹲与跳跃之间没有任何的过渡。所以每次跳起来之后都要立刻进入深蹲，再重新跳起。

3 起身跳跃。

4 回到姿势2。

06 高弹跳深蹲

这是一个可以同时锻炼肌肉耐力和心肺功能的下肢运动。通过这个动作，你可以感受到肌肉撕裂和心跳加速的双重刺激。运动量超大，卡路里消耗也同样惊人。

1 进入深蹲准备姿势。

2 进入完全深蹲姿势，双臂向后伸直。

经验之谈

想必你一定听说过立定跳高吧？这个动作和立定跳高一样，要求你先将身体置于收缩状态，再尽可能地积聚弹跳力，在一瞬间高高跃起。注意下落时身体不能挺得太直，否则膝盖与腰部会承受过多的压力。落地动作一定要柔和，然后迅速进入深蹲姿势，开始新一轮的跳跃。

注意事项

这个动作一定要穿着运动鞋练，以避免落地时脚部受到冲击。尤其是在高弹跳之后如果脚后跟先着地，膝关节会有受伤的可能。落地时一定要小心一些，切忌用力过猛。

3 起身跳跃。

07 跳跃深蹲＋膝贴胸

这个动作对下肢弹跳力、腰部肌力和腹部肌力都有着很高的要求。学习深蹲到了这一课，想必你也很好奇自己已经达到什么样的水平了，而这个动作就是最好的测试。在原地跳起的瞬间，你的腿部、腰部和腹部肌肉都将经受严峻的考验。从这个动作的完成度就可以看出你这段时间的深蹲究竟学得怎么样。我们甚至可以说，它是深蹲运动的顶峰。

1 进入深蹲下蹲姿势。

2 利用身体弹跳力尽可能地跳起。

经验之谈

这个动作的强度非常大，恐怕能坚持完成的人并不多。如果你的体重超过了身高所对应的标准体重，就不要勉强做了，否则可能会造成膝关节损伤。

注意事项

如果落地的时候腿部放松，很容易受伤。一定要认真完成之前的训练，确保自己的腿部和全身肌肉都已经足够强大，再开始练习。

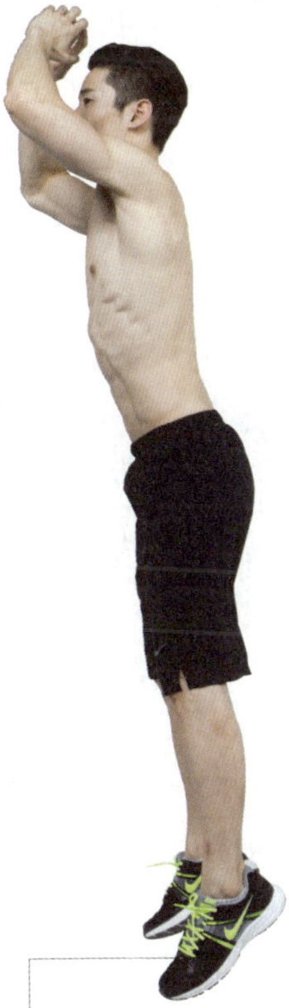

3 挺直身体，尽可能地高高跳起。

4 保持跳跃状态，用力抬起膝盖，使其靠近侧腰，让整个身体在空中折叠。

08 弓步

弓步也是一种十分常见的下肢运动。如果说深蹲在增强力量和肌肉上表现出色，那么弓步则可以更集中地刺激臀部及腿部的深层肌肉。一般来说，弓步训练应该采取左右脚轮流练习的方法。而我个人更喜欢类似于快速交叉深蹲的弓步练习。首先，让双脚打开约10cm，并保持水平。接着，一只脚向后退，此时两腿间的夹角最好达到直角的程度。然后，让后腿屈膝向下，在完全着地之前（此时双膝之间的夹角应该是90°）利用前腿及前脚上方臀部的力量支撑身体重新站起来。此时，上半身应保持正直或稍微前倾，尽量不要向后倾斜。

经验之谈

要做好弓步动作，保持上半身的正直和双腿间的距离是关键。刚开始练习弓步的人，总是会犯下前后脚间距过大、上半身过度后倾等错误。这是很正常的事，你不必一开始就做到完美，只要按自己感觉最有效的方式来练习就好了。双腿的间距宽一些或者窄一些，上半身稍微向前倾一些或者向后倾一些，都是可以的。等动作熟练之后，再要求严格一些也不迟。

注意事项

弓步动作比较难，尤其是要找到前脚用力的感觉需要一定的时间。很多初学者刚开始做的时候，会将大部分力量集中在后脚，前脚和臀部则完全没有发力。这是正常现象，因为初学者并不具备用前脚支撑身体重量的能力。但如果你已经认真学完了之前所有的动作，就没有理由犯这样的错误了。在训练途中任何时候感到姿势不够到位，都可以重新回到步骤2，让膝盖着地，再尝试前脚发力带动身体向上，哪怕只向上5cm也可以。只要你的膝盖没有过度前伸，你就能很快找到前脚和臀部发力支撑的感觉。记住这种感觉，它才是正确的用力方式。

1 双脚张开约10cm，保持双脚处于同一水平线上。

2 一只脚向后退，屈膝向下。

09 跳跃弓步

在深蹲动作中，跳跃深蹲的强度是普通深蹲的两倍。而弓步运动中的跳跃弓步同样如此。这个动作要求你在跳跃之后，在半空中完成双脚姿势的轮换，再平稳着地。与普通弓步相比，这个动作要多承受50%的重量，其运动强度之大、锻炼效果之强，简直无可匹敌。同时，它也可以算作一种结合了有氧训练的肌肉运动。

1 进入普通弓步姿势。

2 将力量尽可能地集中于前脚，跳跃起身，保持上半身笔直，在空中交换双腿位置。

经验之谈

在做跳跃弓步的时候，很容易出现空中换脚之后前后脚间距完全无法控制的现象。要避免其发生，就要先充分掌握普通弓步动作，再对这个动作多加练习。当足够熟练的时候，你就能在换腿的瞬间迅速找到合适的间距，再稳稳落地。

注意事项

在做弓步练习的时候，如果发力方式不对，很快就会精疲力竭。这时候，你就该回过头检查下自己的膝盖是不是过度前倾了，上半身是不是没有挺直。只有不断提醒自己注意姿势并尽可能地做到标准，才能达到更好的练习效果。

3 落地的同时进入弓步下蹲姿势。

10 手枪深蹲

这个动作不仅可以强化下肢肌肉，还对腰腹部、臀部的肌肉力量有要求。与其说它是一个练习，不如说是一个测试。通过这个测试，你将清楚了解自己的下肢肌肉与核心区域肌肉究竟有多强。

经验之谈

如果你的体重超标或上半身肌肉明显多于下半身，就无法完成这个动作了。反倒是那些没什么肌肉的瘦子，更容易完成动作。另外，很多人可以轻松地把动作做下去，却很难起身，这多半是臀部和核心区域肌肉力量不足的缘故。所以，好好加强肌肉力量的训练，是征服这个动作的唯一办法。

注意事项

如果你腰部肌肉柔韧性不够，就不要勉强去抓前脚脚尖，否则可能会摔倒。你可以先放弃手上的动作，仅仅完成腿的部分。等动作熟练之后，再把手上的动作也加进去。

1 一只脚向前抬起，保持身体重心稳定。

2 双手向前抓住前脚脚尖，伸直前脚，后脚支撑进入深蹲姿势。

3 放下前脚，同时双手向前伸直，保持身体稳定，回到站立姿势。

11 负重手枪深蹲

1 将有一定重量的书包背在肩膀上，一只脚向前伸直，保持身体重心稳定。

2 臀部向后，双臂前伸去抓前腿，同时向下做深蹲。

经验之谈

你可以在书包里装一些水瓶、哑铃或其他有一定重量的东西。这个动作只要做10次，就会让你感觉到肌肉传来的阵阵酸痛。如果你自认在下肢运动上已经有所建树，就不妨来挑战这个绝对够“酸爽”的动作吧！

注意事项

如果你腰部肌肉的柔韧性还不够，就不要勉强去抓前脚脚尖，否则可能会摔倒。你可以先放弃手上的动作，仅仅完成腿的部分。等动作熟练之后，再把手上动作加进去。

3 完全蹲下来之后，用双手抓住伸直的前脚。

4 放下双手，重新回到动作1。

第7章 德斯朗腹肌运动

相信不少男人拿到这本书之后，最先翻阅的就是这一章了。拥有漂亮的8块腹肌，恐怕是广大健身男性的共同心愿吧？如果你也有这个心愿，就一定要好好阅读接下来的文字了。腹部与其他身体部位最大的不同点在于不能容忍一点点的脂肪。稍微有一点脂肪囤积，肌肉立刻就会被覆盖。在继续学习接下来的内容之前，不妨先低头检查下你的肚子上是否有赘肉吧。如果你没有消灭赘肉，做再多的腹肌运动也注定于事无补。

让我们用最简单的方式来解释一下这是为什么吧。假设我们眼前现在有一张腹部的侧面解剖图。根据图像显示，这个人的腹部皮下脂肪厚度为5cm。虽然他经过艰苦卓绝的努力成功练就了清晰可见的八块腹肌，可这梦寐以求的8块腹肌居然害羞地躲在了5cm厚的脂肪层下面！也就是说，腹肌分明存在却无法被看见。

要想让腹肌重见天日，就一定要进行严格的饮食控制——“是的，一定要严格控制！”而这个控制的时间，至少也要做到一年以上。根据我多年所见，很多人辛苦一年练就的腹肌都不能保持很长时间。原因很简单——懈怠。以为自己有了腹肌就可以高枕无忧，于是该喝酒喝酒、该吃消夜吃消夜，一下子回到了健身以前的生活状态。如此一来，辛苦练就的腹肌可能只需要两周时间就消失不见。你可能会惊呼——那么辛苦地运动节食，怎么会如此容易毁于一旦？是的，的确如此。这就是事实。

即便是坚持运动长达15年的我，一旦放松两周时间，任由比萨、方便面、炒年糕、炸酱面、炸鸡、红烧猪肘这些美食进入肚子，一个星期就能看到腹部的肌肉变得模糊，两个星期就能看到它们消失不见。这个规律，无人可以幸免。你可能会说——“我天生就很瘦啊！”“我天生就身材好啊！”不好意思，30岁之后大家都回到了同一起跑线。

腹肌是打理出来的

因为从30岁起，每个人的肌肉量都开始减少，基础代谢量都开始下降。简单来讲，就是我们的身体开始衰老退化。于是以后每增加一岁，与肥胖的斗争就艰巨一分。

还有一个被普遍误解的事实，那就是腹肌是练出来的。事实上，腹肌还真不是练出来的，而是打理出来的。你练或不练，腹肌都在那里。如果它不存在，你甚至连站立都无法完成。你之所以长久以来未能与你的腹肌谋面，只不过是因为它被厚厚的腹部脂肪层所阻隔。

我所能做的，只不过是通过本书教给你一些科学有效的腹肌锻炼方法。而当你真正得以展现出漂亮的腹肌之后，剩下的功课就必须自己去完成了。如果你不坚持严格的饮食控制，再漂亮的腹肌也会离你远去。饮食控制之路，可谓是路漫漫其修远兮。你必须拿出1—2年的时间来坚持。当你在运动和饮食控制上都做到位之后，就一定能在自己身上欣喜地发现漂亮的腹肌。不仅如此，你还会发现原本松软无力的腹部皮肤变得紧致而富有弹性。到时候，你离拥有我这样的八块腹肌就不遥远了。

想要8块腹肌，就从现在开始行动吧！说练就练，腹肌运动！说到做到，饮食控制！

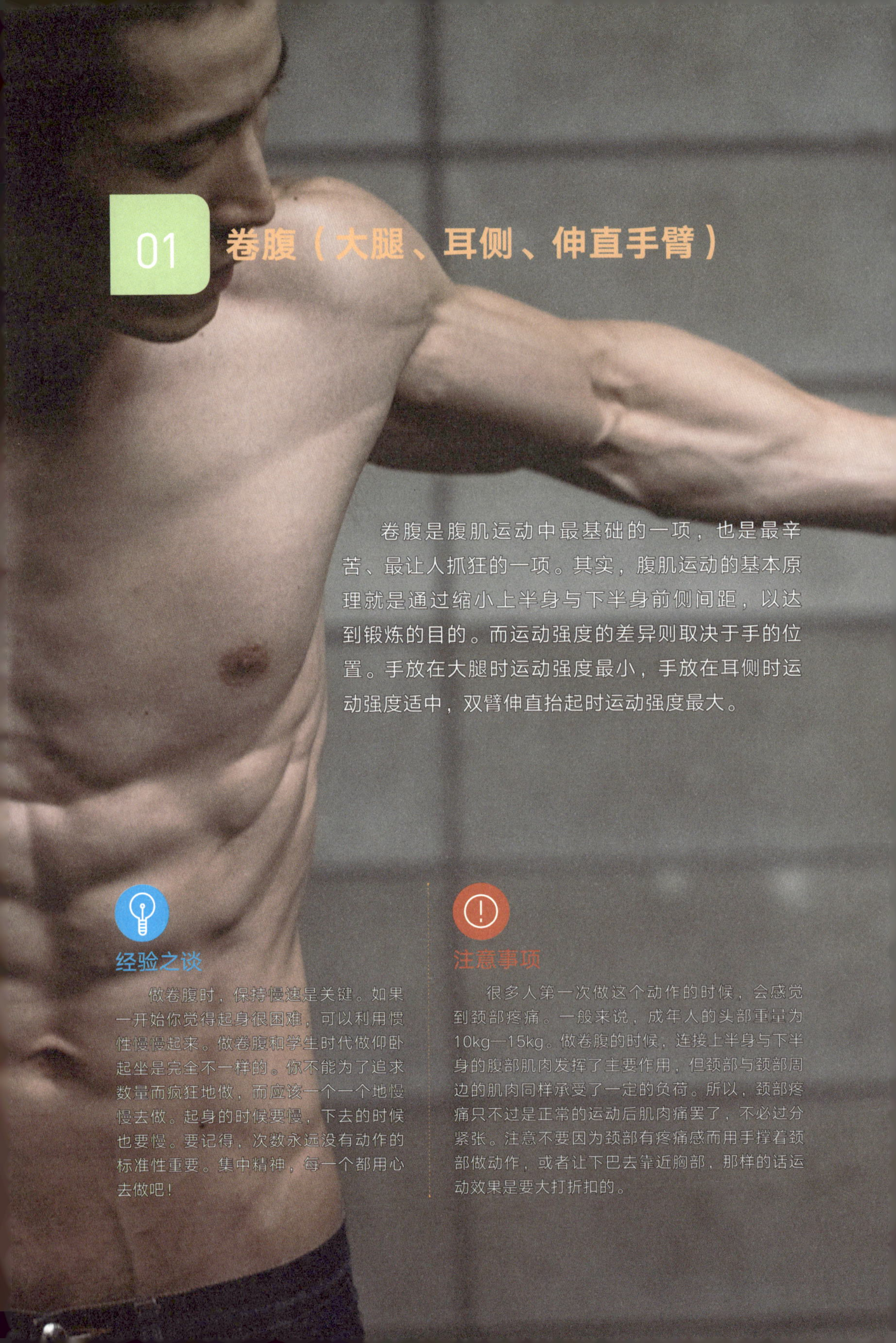

01 卷腹（大腿、耳侧、伸直手臂）

卷腹是腹肌运动中最基础的一项，也是最辛苦、最让人抓狂的一项。其实，腹肌运动的基本原理就是通过缩小上半身与下半身前侧间距，以达到锻炼的目的。而运动强度的差异则取决于手的位置。手放在大腿时运动强度最小，手放在耳侧时运动强度适中，双臂伸直抬起时运动强度最大。

经验之谈

做卷腹时，保持慢速是关键。如果一开始你觉得起身很困难，可以利用惯性慢慢起来。做卷腹和学生时代做仰卧起坐是完全不一样的。你不能为了追求数量而疯狂地做，而应该一个一个地慢慢去做。起身的时候要慢，下去的时候也要慢。要记得，次数永远没有动作的标准性重要。集中精神，每一个都用心去做吧！

注意事项

很多人第一次做这个动作的时候，会感觉到颈部疼痛。一般来说，成年人的头部重量为10kg—15kg。做卷腹的时候，连接上半身与下半身的腹部肌肉发挥了主要作用，但颈部与颈部周边的肌肉同样承受了一定的负荷。所以，颈部疼痛只不过是正常的运动后肌肉痛罢了，不必过分紧张。注意不要因为颈部有疼痛感而用手撑着颈部做动作，或者让下巴去靠近胸部，那样的话运动效果是要大打折扣的。

大腿

1 平躺于运动垫上，屈膝，双手放在大腿上。

2 伸直手臂，抬起上半身，让手指尖轻触膝盖，再缓缓回到垫上。

耳侧

1 平躺于运动垫上，屈膝，双手放在耳朵两侧。

2 保持姿势，利用腹肌的力量尽可能地抬起上半身。

伸直手臂

1 平躺于运动垫上，屈膝，双臂伸直。

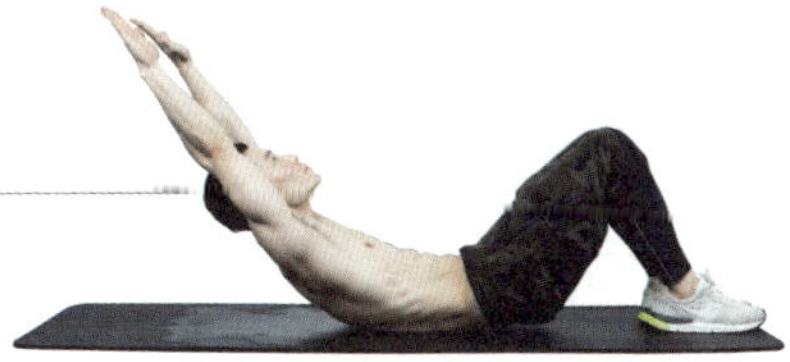

2 保持姿势，利用腹部肌肉的力量尽可能地抬起上半身。

02 双侧轮流卷腹

如果你已经通过上一个练习获得在腹肌收缩状态下保持动作的能力，就可以练习接下来这个动作了。它将有效地刺激腹部两侧的肌肉。

经验之谈

从这个动作开始，你就能体会到腹肌燃烧的滋味了。在卷腹状态下向左、右两侧转动身体是一件非常费力的事情，你坚持的时间越长，运动强度就越大。

注意事项

注意起身的时候一定要做到背部肩胛骨远离地面，才能使腹部肌肉真正发挥作用。很多人觉得做起来太辛苦，便让整个背部都躺在垫子上，只抬起头部和颈部来运动，殊不知这样只会让颈部肌肉酸痛，根本达不到运动效果。要记住，一定要让背部肩胛骨远离地面。

1 平躺于垫上，屈膝，双臂伸直。

2 进入卷腹动作。

3 保持肩部的位置不动，让腹部与腰部尽可能地朝着右边扭转。

4 转向左边做同样的动作。

03 屈膝单腿抬起

腹部是一个由上腹部和下腹部组成的整体。我们可以通过这个动作同时锻炼到上腹部和下腹部的肌肉。当我们抬起上半身时，上腹部肌肉处于发力状态，当我们抬腿向上时，下腹部肌肉则得到了充分刺激。简单来说，这个动作就是卷腹加抬腿，反复进行。

经验之谈

这个动作看起来简单，做起来可能会让你大喊吃不消。如果你可以做到同时抬起双腿并伸直，就可以略过这个练习直接进入下一个了。

注意事项

如果一开始脚下落的时候就没有养成脚尖绷直的习惯，那么以后就很难纠正过来了。你可能会说了——“我柔韧性太差了，根本就伸不直啊！”其实不是这样的。只要你努力去做，一定能做到。你之所以做不到，只不过是不够刻苦。很多健身达人的裤腰上方都有非常漂亮的肌肉线条与腹肌相连接。这种线条可不是靠简单的卷腹练出来的，而是卷腹+腿部训练的成果。所以，不要偷懒了，每次都尽量做到把双腿伸直吧！

1 平躺于垫上，屈膝，抬高双腿。

2 一条腿向下放，伸直。

04

屈膝双腿抬起

经验之谈

第一次做完这个练习，100%会感觉到腰酸背痛。很多人因此就不肯继续了，理由是“我有脊柱侧弯，做不了这个动作”。但事实上，患有脊柱侧弯的人也完全可以做这个动作，因为它并不会压迫到背部神经。而这个练习做完之后所感受到的腰背不适其实是一种正常现象。一般来说，抬腿时80%的发力来自腹肌，20%的发力来自腰肌，但随着动作次数的增加，腹肌开始乏力，腰肌负荷逐渐增加。于是，腰肌在运动后自然就会感到酸痛和不适。等你练习一段时间之后，疼痛感就会逐渐消失。

注意事项

在练习的过程中，一定要保持腰部紧贴垫子。即便你做不到完全不离垫子，也要尽量去保持紧贴的状态，并将力量集中于腹部。如果觉得腰部负担太重，可以将双手放在臀部下方，以减轻腰部的不适感。

1 平躺于垫上，屈膝，抬高双腿。

2 放下双脚的同时绷直膝盖与脚尖，使整个身体呈一条直线。注意这时腿部不要着地。

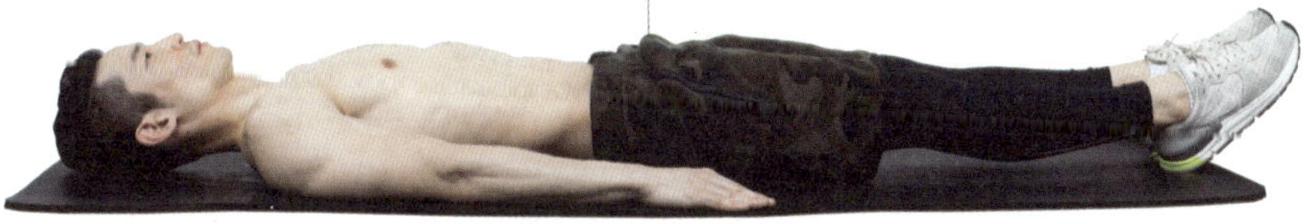

05 直腿单脚抬腿

经验之谈

注意腰部尽量不要离开垫子，如果感到很难做到，就让头部抬起，使腰部与垫子贴得更紧一些。

注意事项

向上抬起时腿部稍有弯曲也没关系，但落下时一定要保持腿部笔直。

1 平躺于垫上，双脚抬起至与地面呈90°。

2 保持双腿笔直的状态，一只脚慢慢向下放。

3 放下的那只脚始终保持笔直状态，直到到达地面。

06 直腿双脚抬起

在上一个动作中，你还可以根据自己的柔韧性来选择完全伸直腿或稍微屈腿。但在做这个动作的时候，双腿就必须完全伸直了。无论是抬起还是落下都要集中注意力，尽可能地让双腿始终保持笔直。

经验之谈

这个动作的关键就在于伸直双腿。一旦腿弯曲了，运动效果就会大打折扣。不要说你做不到，只要努力去做，每个人都可以把腿伸直。向上抬腿时，一旦膝盖弯曲了，就和不做没有任何区别。如果你实在做不到完全伸直，就稍微弯曲一点点吧，再不断努力向标准动作靠近。

注意事项

如果腰部感觉不舒服，可以将双手放在臀部下方缓解腰部的压力。如果想更好地锻炼腹肌，则可以稍稍抬起头部，使上半身与地面形成小的夹角，这样运动效果就会更好。

1 平躺于垫上，双脚抬起至90°。

2 保持双脚伸直的状态，缓缓下落，在落地之前停下来。

07 屈膝卷腹碰膝

如果你已经能在屈膝状态下保持卷腹动作，就可以学习这个动作了。它要求我们在做卷腹动作的同时抬起双腿，以便更充分地刺激腹部肌肉。

经验之谈

如果你的腹部力量不够，可能做不到抬起上半身，只能让腿部朝着上半身靠近。但是，动作的标准性是最为重要的，与其尽可能地让手肘去碰大腿，倒不如保持下半身不动，尽可能地抬起上半身。等你的肌肉力量增强、动作熟练之后，自然就能做出标准动作了。

注意事项

注意做动作的时候，一定要将力量集中在腹部与腰部，并保持动作的速度均匀、姿势准确。如果只是在起身的时候用力，在下落的时候放松，则达不到理想的运动效果。所以，一定要慢慢做、好好做。

1 平躺于垫上，双手放于耳后，进入卷腹姿势。

2 抬起双膝，直到大腿与地面呈90°。

3 抬起上半身并保持一定高度，直到肘关节碰到大腿。

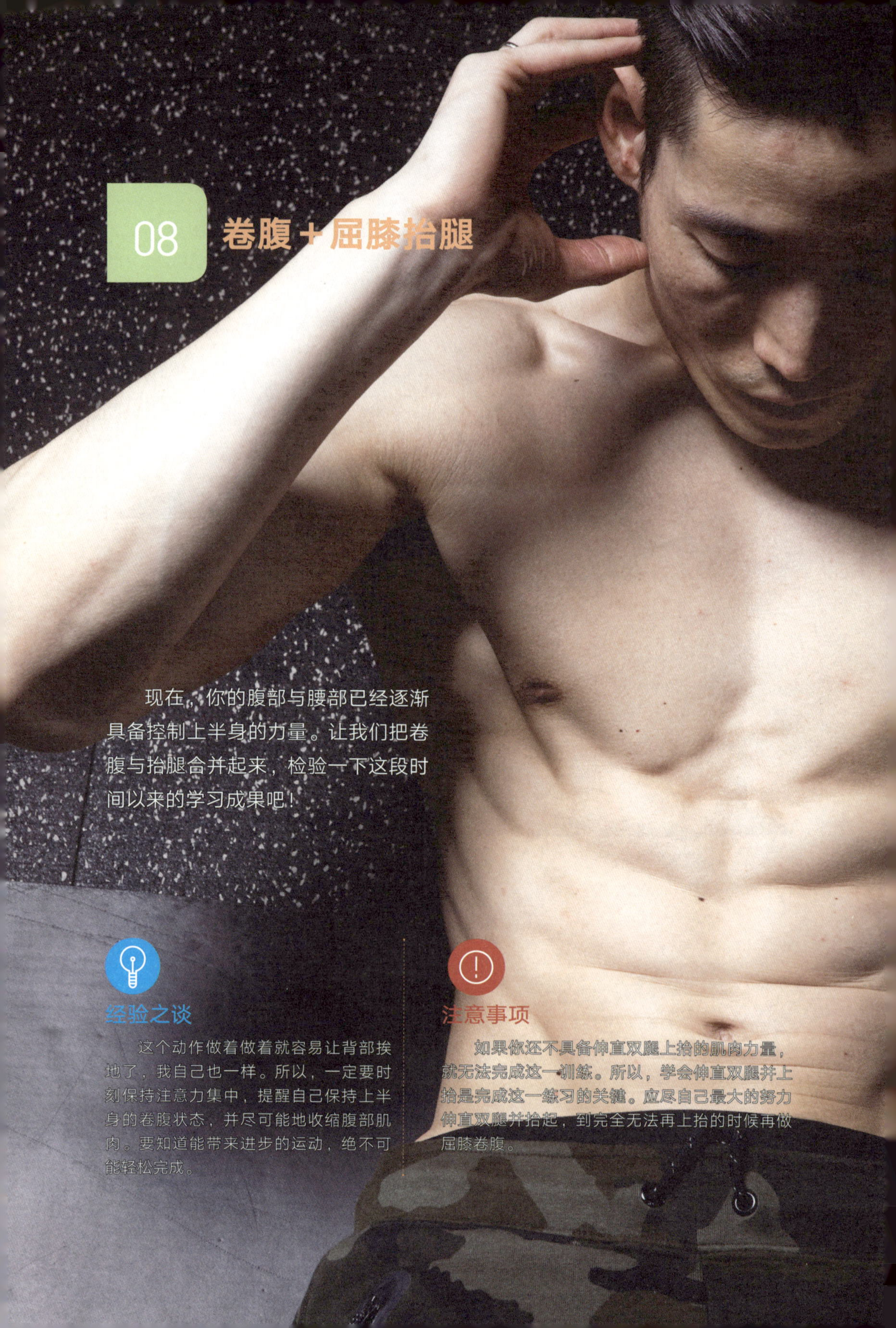

08 卷腹＋屈膝抬腿

现在，你的腹部与腰部已经逐渐具备控制上半身的力量。让我们把卷腹与抬腿合并起来，检验一下这段时间以来的学习成果吧！

经验之谈

这个动作做着做着就容易让背部挨地了，我自己也一样。所以，一定要时刻保持注意力集中，提醒自己保持上半身的卷腹状态，并尽可能地收缩腹部肌肉。要知道能带来进步的运动，绝不可能轻松完成。

注意事项

如果你还不具备伸直双腿上抬的肌肉力量，就无法完成这一训练。所以，学会伸直双腿并上抬是完成这一练习的关键。应尽自己最大的努力伸直双腿并抬起，到完全无法再上抬的时候再做屈膝卷腹。

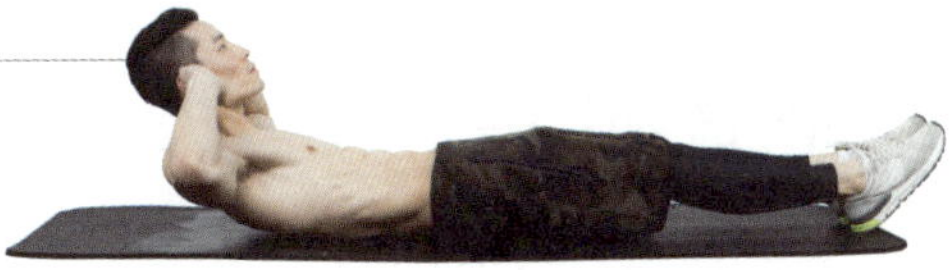

1 双手放于耳侧，做卷腹动作。

2 抬起上半身后，伸直双腿。

3 继续抬腿，并屈膝至腿部呈直角。

4 重新伸直双腿，慢慢往下放。

5 保持上半身不动，继续将双腿下放，在完全挨地之前停下来。

09 单手卷腹＋单腿抬起

这个动作要求你在深度扭转的同时以手肘去触碰另一边的膝盖，对腹部侧面肌肉有很强的锻炼效果。

经验之谈

这个动作可以培养肌肉耐力，打造出更加漂亮的侧腰肌肉线条。如果你想拥有八块腹肌＋侧腰腹肌，就一定要努力练习。

注意事项

这个动作做久了会很累，于是有的人为了偷懒就不再抬起上半身，仅仅让手肘和膝盖相碰。这样做的结果是运动效果几乎为零。要记得不是让膝盖去配合手肘，而是让手肘去配合膝盖。

1 双手放于耳侧，进入卷腹姿势。抬腿屈膝，使腿部弯曲呈90°。

2 用左臂肘关节去触碰抬起的右腿膝盖。

3 再用右臂肘关节去触碰抬起的左腿膝盖，如此反复练习。

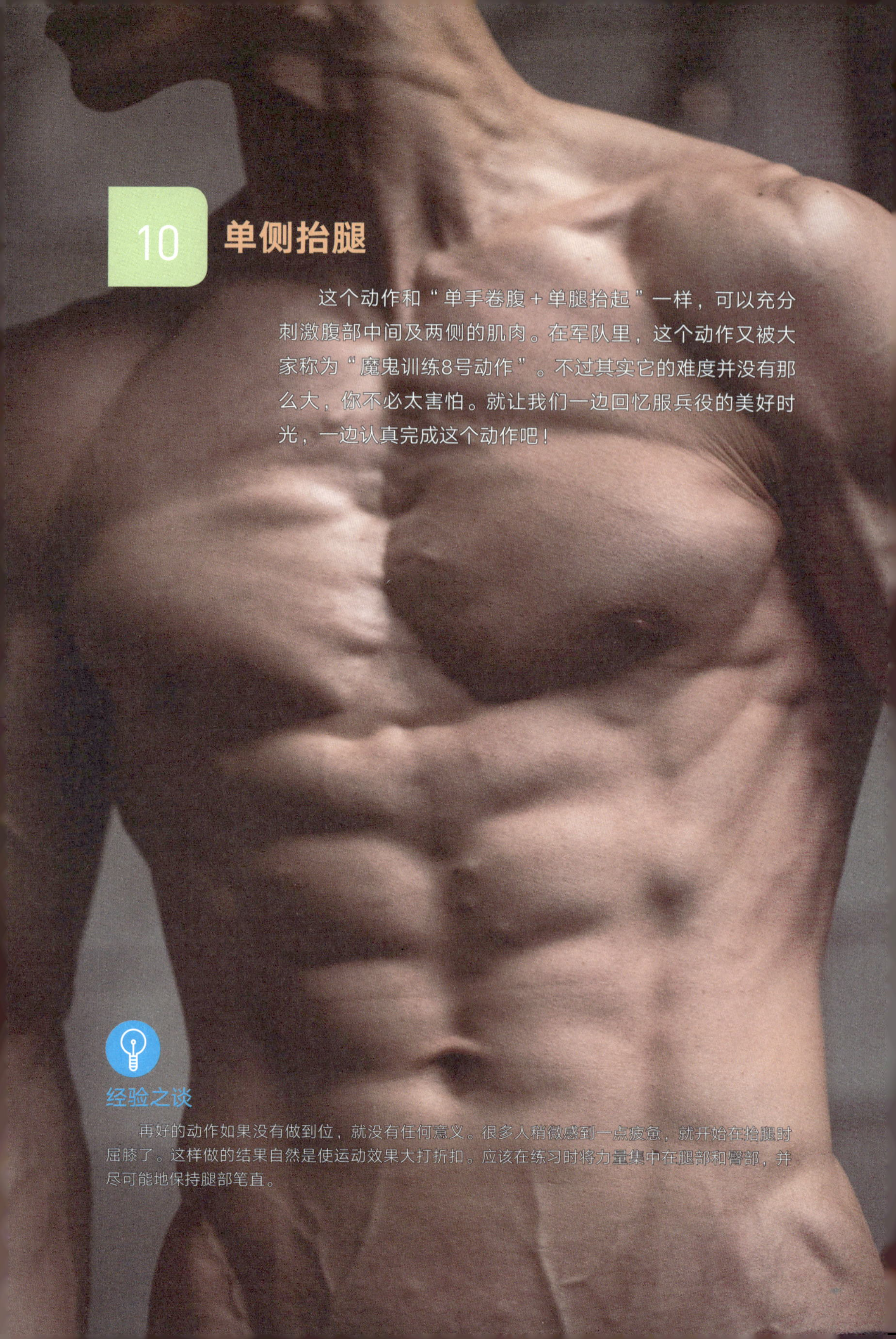

10 单侧抬腿

这个动作和“单手卷腹+单腿抬起”一样，可以充分刺激腹部中间及两侧的肌肉。在军队里，这个动作又被大家称为“魔鬼训练8号动作”。不过其实它的难度并没有那么大，你不必太害怕。就让我们一边回忆服兵役的美好时光，一边认真完成这个动作吧！

经验之谈

再好的动作如果没有做到位，就没有任何意义。很多人稍微感到一点疲惫，就开始在抬腿时屈膝了。这样做的结果自然是使运动效果大打折扣。应该在练习时将力量集中在腿部和臀部，并尽可能地保持腿部笔直。

1 双臂伸直置于身体两侧，双腿高高抬起并伸直。

2 抬起头部，注视腿部，让双腿朝左侧向下45°。

3 回到动作1，再让双腿朝右侧向下45°。

11 卷腹状态下直腿抬腿

一路学习到这里，想必你的腹部肌肉已经具备了相当的力量，完成这个动作应该不成问题。它要求你在卷腹状态下始终保持上半身不动，直到整套动作结束为止。在双腿伸直并抬起的过程中，腹部与腿部必须始终处于发力状态。为了达到更好的锻炼效果，不妨让腿抬得更高一些、伸得更直一些。

经验之谈

虽然这是一个锻炼腹肌的动作，依然需要你运用大腿与臀部的力量去完成腿部动作。如果你感到腿部酸痛或难以继续，就要回过头去加强下肢训练了。

注意事项

一旦你稍微放松腹部肌肉，上半身与腿部就会失去稳定。所以，一定要让腹部处在强而有力的收缩状态中，直到整套动作完成为止。

1 双手放于耳侧，进入卷腹姿势。然后伸直双腿，准备开始抬腿运动。

2 保持膝盖脚尖绷直，抬起双腿约45°，注意膝盖一定要并拢。

3 继续收缩腹肌，将腿部继续抬高。

4 回到动作1。

12 平板支撑左右抬膝

这是一个复合型动作，不仅可以锻炼腹肌，还对肩膀与手腕部位的肌肉有很强的刺激作用。当脚尖向前推出时，手腕与肩膀要相应地调整角度。所以，如果动作做到位了的话，肩膀、手腕与腹部可以同时得到充分锻炼。

经验之谈

在膝盖去靠近手腕的过程中，腹部与肩膀不能放松，否则腕部关节容易受伤。应尽可能地伸直手臂、使整个背部拱起呈圆弧形，再利用腹部收缩的力量抬起腿部。这样，就能达到最理想的锻炼效果了。

注意事项

腿部一旦挨地，身体就会本能地放松下来。所以，一定要注意在膝盖靠近手腕的过程中不能让腿着地。

1 进入平板支撑姿势。

抬起左腿，尽可能地让膝盖触碰右手手腕。注意不能让左腿挨着地面。 2

3 重新回到平板支撑的状态，再抬起右腿，让右腿膝盖触碰左手手腕。

13 手肘平板支撑左右抬膝

这个动作比上一个动作更难一些。它要求你将身体扭转得更厉害一些，并在腹部倾注更多的力量。注意做动作的时候要让腰部也跟着身体扭转，这样才能让腿部在碰到肘关节时不会碰到地板。

经验之谈

很多人一感到辛苦，就让伸直的那条腿屈膝了，这样是绝对不行的。要记得，每个动作都要按标准去做，才能获得理想的锻炼效果。

注意事项

这个动作比上一个动作位置更低一些，在膝盖靠近肘关节的时候腿部很容易挨地。所以，要尽可能地让背部拱起，并加大腰部扭转的幅度，以避免腿部触地的情况发生。

1 肘关节紧贴地面，进入平板支撑姿势。

2 抬起左腿，用左膝盖去触碰右臂肘关节，注意腿部不要挨地。

3 反过来抬起右腿，用右膝盖去触碰左臂肘关节，同样注意不要挨地。

14 直腿起身碰脚尖

经验之谈

“你说什么？在双腿抬高不动的情况下，仅仅靠上半身向上的力量去让手触碰脚尖？简直是开玩笑啊！”——这是很多人听完这个动作介绍之后的第一反应。不过这显然不是玩笑，而是来真的。如果你想拥有更强有力的腹肌和上半身肌肉，就铆起劲儿来练这个动作吧！努力征服它，你会为你的进步而骄傲！

注意事项

做动作的时候首先要注意保持双腿与地面呈直角，同时上半身抬起之后腿部不要跟着移动，要尽可能保持稳定。

1 双腿高高抬起与地面呈直角，双臂向头顶方向伸直。

抬起上半身做卷腹动作。2

3 尽可能地抬高上半身，直到双手挨到脚背。

15 V字形上举

这个动作可谓是躺卧腹肌运动的终极挑战。如果你按标准去做，很快就能感受到腹部肌肉撕裂般的强烈震撼。如果你想练就八块腹肌，那么这个动作绝对是最佳选择。

经验之谈

一开始，你可能根本无法离开惯性来完成动作。不妨先接受这个现实，在惯性的帮助下抬起上半身，在手指尖触碰到脚背之后保持动作1—2秒钟，再回到地面。这样多加练习，你就能渐渐不依赖惯性了。

注意事项

即便借助惯性来完成动作，也不能双腿晃动。如果腿部晃动了，那么上半身靠惯性抬起时整个身体都会跟着前后摇晃。如此一来，腹部的力量就被分散了。所以，一定要尽可能地将力量集中在腰部和臀部，并保持腿部的稳定性。

1 平躺于垫上，双腿双臂伸直

2 抬起上半身做卷腹运动，同时抬起双腿。

3 当上半身与下半身呈90°夹角时，让双臂和双腿尽可能地靠近。

4 伸直双腿，腹部在一瞬间发力，让双手去触摸脚背。

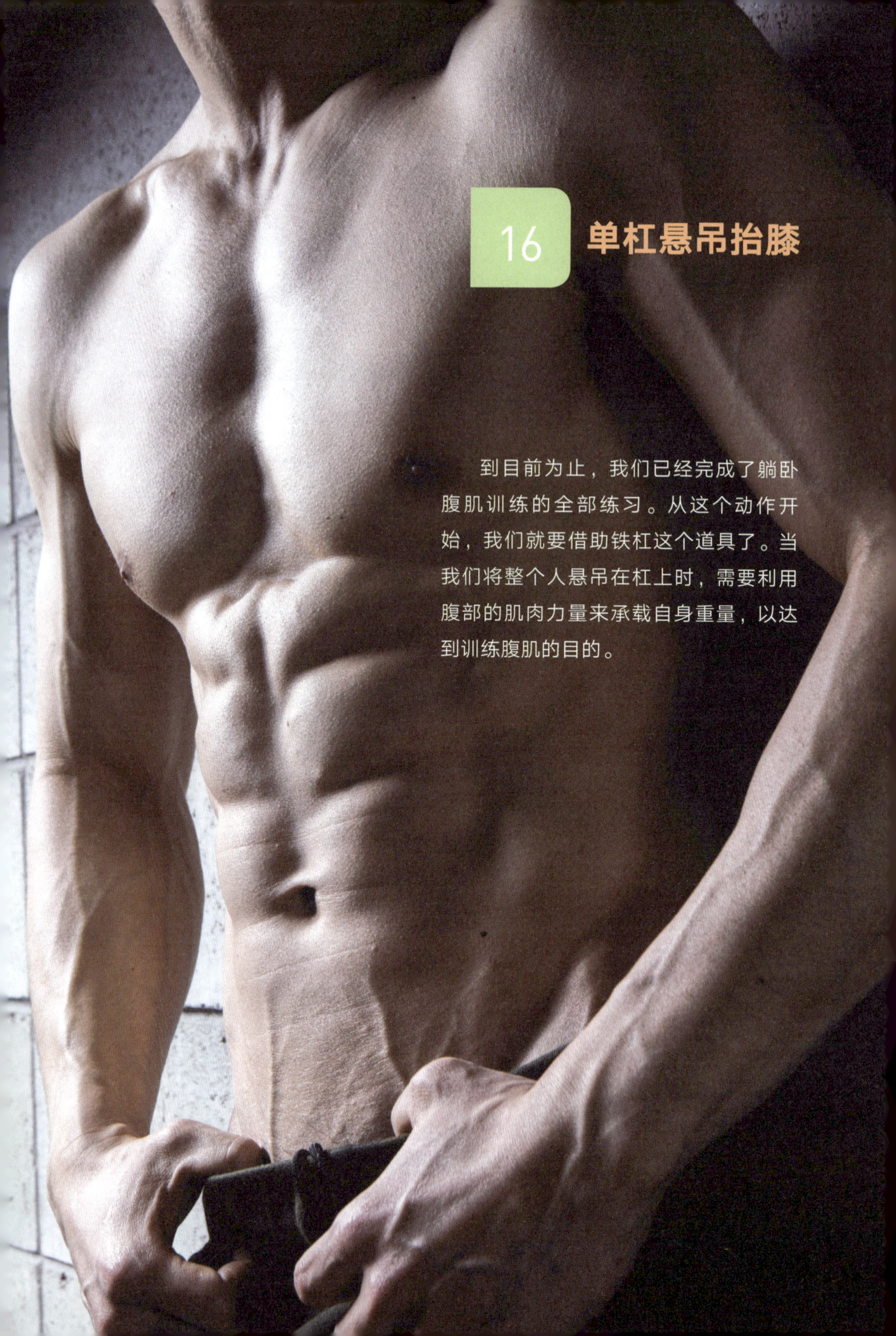

16 单杠悬吊抬膝

到目前为止，我们已经完成了躺卧腹肌训练的全部练习。从这个动作开始，我们就要借助铁杠这个道具了。当我们将整个人悬吊在杠上时，需要利用腹部的肌肉力量来承载自身重量，以达到训练腹肌的目的。

1 双手抓杠，身体完全伸直。

2 抬起膝盖直到大腿与地面平行、小腿与地面垂直，注意不要借助惯性来完成动作。

经验之谈

如果你只是为了达到运动次数，大可以前后晃动身体，再借用惯性来完成动作。但标准动作应该是完全不借助惯性的。同时，你必须做到背部始终保持不动，将力量集中于腹部，然后缓缓地抬起膝盖。如果按标准动作来做，难度将会是借助惯性的三倍以上。

注意事项

注意做的时候手臂不能弯曲，否则运动效果会减半。应该尽可能地伸直手臂和后背，仅仅利用腹部肌肉的力量来完成抬膝动作，这样才能达到理想的锻炼效果。

17 单杠悬吊两侧抬膝

这个动作与我们之前做过的单腿运动差不多，只不过是换到了杠上来完成。如果你的腹部正面肌肉已经有了一定力量，那么接下来就可以通过这个练习来加强腹部两侧的肌肉力量了。

经验之谈

这个动作的难点在于下落。每一次腿部下落的时候，都应该尽可能地把动作放慢一些、坚持得再久一些。如果你总是依靠惯性去完成抬腿动作，又在下落的时候匆匆忙忙，那么做100个也比不上别人用标准姿势做5个。要记住，欲速则不达。

注意事项

注意做的时候手臂不能弯曲，否则运动效果会减半。应该尽可能地伸直手臂和后背，仅仅利用腹部肌肉的力量来完成抬膝动作，这样才能达到理想的锻炼效果。

1 悬吊于铁杠上，身体保持笔直。

2 保持肩膀的位置不动，让腰部和腹部扭转向左，抬起膝盖至弯曲呈90°。

3 回到动作1。

4 换到右侧做同样的练习。

18 单杠悬吊抬脚尖

这是单杠腹肌运动系列的终极动作。难度非常大，做起来非常累。如果你不信，就跟随我的示范来做一做吧。把身体每一个关节都伸展开，保持上半身不动，看看你究竟能做几个。就我自己来说，一次最多能做20个。这个动作对注意力的要求很高，注意力不够集中的话，运动效果就会大打折扣。

经验之谈

如果你按照动作3的说明，将脚尖和膝盖绷直并保持动作，就会感到腹肌酸痛，而更要命的是大腿肌肉的剧烈酸痛。很多人做到这一步都会忍不住叫苦——“这也太难做了吧？”要完成这个动作，你需要让全身的肌肉力量都达到一定的水准。如果你暂时还做不出标准动作，可以在自己所能做到的极限位置停下来保持2—3秒，再慢慢把腿放下。

1 悬吊于铁杠上，全身保持笔直。

2 腰部与腹部发力带动双腿抬起，注意腿部不要弯曲，上半身不要前后摇晃。

3 将脚尖上提到与肚脐平行的位置。

注意事项

如果下落的时候腿部与腰部放松了，上半身必定会向后，于是整个身体都开始晃动。所以，无论是在做腿部上提还是下落的时候，都要集中精神不可放松。落腿时要尽量保持身体的稳定性，努力伸直膝盖与脚尖。

19 龙旗单脚

这是我个人最喜欢的腹肌训练动作，也是完成龙旗双脚之前的热身动作。和龙旗双脚动作比起来，这个动作所需耗费的力气要少30%—40%。你可以选择向侧边屈腿，也可以并拢双腿，总之选择自己感到比较轻松的方式来练习就对了。如果你找不到长凳，也可以在地上垫一张瑜伽垫，然后靠着床或沙发来练习。别看这个动作用到了器械，其实自己在家也是可以轻松完成的！

1 一只脚屈膝或交叉，腰部离开地面，背部仅让肩胛骨上半部分着地，另一只脚朝着天花板伸直。

2 腰部找到合适的位置稳定下来，然后让脚从脚尖开始向下回落。

经验之谈

这是一个运动强度非常大的动作，如果你没有踏踏实实完成之前的训练，就很有可能在练习时受伤。你要小心翼翼地去尝试，一开始不必强求把每个步骤都做到完美，只要尽可能地把腿部下落这一步做好就可以了。等你多练习一阵之后，自然就能征服这个动作了。

注意事项

注意腿部下落的时候，顺序应该是先脚、再臀部、再到腰部。如果臀部和腰部先于腿部向下，那么就和做抬腿运动没有区别了。

3 尽可能地放低脚，直到完全放不下去为止。

4 回到动作1。

20 龙旗屈膝

如果你已经充分掌握了龙旗单脚，现在就可以挑战双腿屈膝的动作了。不要试图跳过这个动作直接练龙旗双脚，你会发现自己下得去却上不来，或者勉强上去了也没办法让腰部发力。只有把这个动作充分掌握之后，才能顺利完成接下来的动作。这个动作与龙旗双脚相比，大约会轻松20%。

1 双腿并拢，向上伸直，再屈膝。

2 保持腿部姿势，保持腰部与地面的夹角不变，从膝盖开始让整个身体向下回落。

经验之谈

练习这个动作的时候，要记得拍摄视频。你可能觉得自己已经下落得足够多了，身体已经伸展得足够笔直了，但你回看视频就会发现，自己并没有下落多少，而臀部的位置早就往下掉了。注意在向下的过程中，要让肚子努力向上顶，以避免臀部掉下去。另外，下落的幅度要尽量大一些，争取落到腿部即将接触地面之前。只有这样严格按照要求来训练，才能取得更多进步。

注意事项

在开始做动作之前，应该仔细检查各项准备工作是否做好了。比如抓握支撑杠的手是否足够稳了，肩部的位置是否合适了，身体重心是否已经足够稳固了。如果你什么都不想就开始练习，那么十有八九是要失败的。所以，准备工作非常重要。

3 刚开始练习时不要下落太多，只要落到还可以重新抬起腿的程度就足够了。

4 回到动作1，反复练习。

20 龙旗双脚

现在，我们终于可以练龙旗双脚了。我们要尽量做得慢一些，争取让每一次下落都持续在3—5秒钟。如果你的腰腹、肩膀、手臂、大腿没有充分发挥各自的作用，那么你的动作十有八九会失败。说实话，就连我自己一次也最多只能做5个标准动作。而只是做这5个，就要超过30秒。总而言之，这个动作的关键就是要慢。向下的时候，最好让整个身体呈一条直线。但很多时候，我们无法控制臀部位置的下落。为了尽量避免这种情况发生，我们不妨如图中示范的那样把动作做得夸张一些，甚至让背部稍微拱起，这样臀部的位置就能保持住了。

1 双腿并拢，让除肩部以外的所有身体部位都处于伸直和紧绷的状态之中。

2 尽量保持腹部位置不动，利用腹部肌肉的支撑力量让双腿缓缓下落。

经验之谈

做5个龙旗双腿可能比你做100个卷腹抬腿还要累。每次落腿与抬腿的转换是最为辛苦的。这个时候，如果你任由臀部下落的话，动作就算是失败了。所以，无论如何都要稳住臀部的位置，哪怕动作次数少一些也没关系。

注意事项

做这个动作，一定要量力而行。它要求我们同时使用腹部、腰部、臀部、腿部和肩部的肌肉力量，所以难度非常大，一不小心就会受伤。所以，在做这个动作之前，一定要老老实实地把之前的练习都做到位。

3 腿部继续下落，保持用力紧绷的状态，并尽可能地多下落一些。

4 重新回到动作1，反复练习。

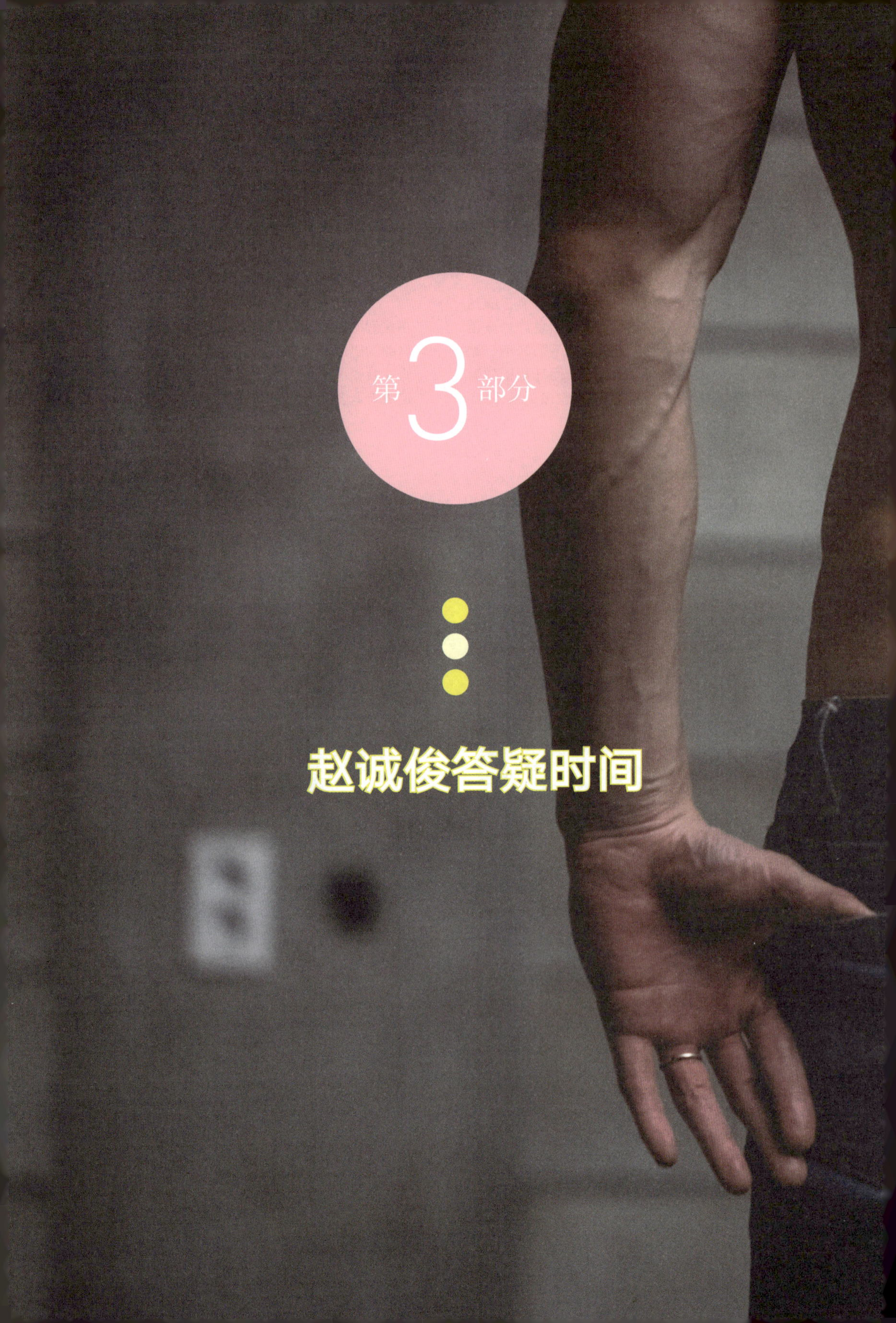

第3部分

赵诚俊答疑时间

动作次数与课程安排有何讲究？

很多人都通过社交网络向我提出关于运动次数和课程安排的疑问。每次看到这种问题，我都十分为难。这就好比素未谋面的人请你帮忙挑选合适的衣服一样，简直是无从下手。

我所能做到的，仅仅是将我所掌握的动作由简至难逐一教给大家。可是很多人想要的不只是这样，而是一套完整的课程安排，比如每天A动作做多少个，B动作做多少个，一共做多少个动作。但恕我直言，这个世界上根本就不存在适合所有人的课程安排。别人设计的课程安排，真的适合你吗？

“一个妈生的孩子，口味也各有不同。”这是我经常挂在嘴边的一句俗话。每个人的习性不同，所适应的运动课程自然也不同。绝对不存在一个运动课程，可以同时满足所有人的锻炼需求。如果是上过私教课的人，恐怕对这一点感同身受。在正式运动之前，教练会向你提出许多问题，比如之前的运动经历、受伤经历、年龄、饮食习惯、睡眠时间、生活规律，等等。然后，再结合基础体能测试的结果为你制定最合适的运动课程。虽然每个会员的课程可能会有重叠的地方，但绝不会是完全一样的。而且每次训练的时候，教练还会根据目前的锻炼成果及当天你的身体状况来调整课程内容。

总而言之，你不能照搬别人的运动课程和饮食计划。

就我自己而言，因为有哮喘不能做太多的有氧运动，所以，我只能通过非常严格的饮食控制来替代有氧运动的部分。在无氧运动方面，我不追求动作次数，只求每个动作都做到十分到位。在课程安排方面，我也是根据每天的身体状况灵活调整。

如果你想要集中锻炼某个身体部位，当然是可行的。但这依然不可能靠固定的课程安排来完成。你要根据自己的运动能力，设置合理的动作组合与动作次数，再逐渐增加难度和强度。当你具备足够的体能之后，再根据自己的身体状况和个人的锻炼喜好来设计专属于你的运动课程。经过这个尝试与探索的过程后，你就成了对自己的身体了如指掌的超一流私教。

怎样解决运动导致的手腕、膝盖等关节处疼痛？

很多会员都向我提过这样的问题——“我一做俯卧撑就肩膀疼，一做深蹲就膝盖疼，怎么回事呢？是我动作没有做到位吗？”

说老实话，在疼痛方面我不是专家，所以也无法提供最准确的回答。但我自己也经常遇到诸如此类的状况。比如做引体向上时会感觉到手肘和肩膀有撕裂感，做深蹲的时候会感到右侧盆骨很酸。但是总体来说，都没有达到疼痛的程度。也许是因为我个人的疼痛敏感程度比较低吧？

事实上，我们不必对疼痛过分紧张。假设我们搬一次家，要打包行李、要搬运、要重新安置，如此大运动量地劳动一天，第二天起床必定会感觉腰酸背痛。而这是为什么呢？很简单，因为用到了太多平时没有使用到的肌肉。

俯卧撑不会造成手腕受伤。如果你感到手腕疼痛，那可能是之前受伤后没有彻底治愈所致。遇到这种情况，也没有什么特别好的解决方案，只能尽量将动作的幅度减小一些。

有的人看了我放在网上的深蹲视频之后，说我的做法会损伤膝盖。但事实上，我已经按这种方式做了15年深蹲。而且，经常是做完全深蹲而不是半深蹲。即便我举着160kg的重量来做，也没有一次膝盖受伤（当然了，这离不开膝盖周围发达肌肉的支撑保护）。人类的关节并没有想象中那么脆弱。人的体重也不可能在一夜之间增加

10kg，而总是一点一点增加的。所以，肌肉和关节自然也懂得如何慢慢适应增加的体重。无负重深蹲要做到膝盖脱臼的程度，几乎是不可能的事情。当然，假如你的体脂量严重超过了肌肉量，是有可能在一开始做深蹲的时候感到膝盖疼痛。但只要忍下去继续坚持，随着肌肉量的增加、膝盖周边肌肉力量的增强，疼痛感就会自然消失。

如果你依然对运动后的疼痛感到恐惧，就不要勉强自己继续，而是去医院咨询外科或疼痛专科的医生吧。一切恐惧都源于无知，所以了解清楚才是最好的，你说对吗？

身体重心倾斜，力量总是集中在单侧如何是好？

这同样是一个我经常被问到的问题。问出这个问题的学员，基本上都是刚开始运动的初学者。虽然我并不懂医，但我可以从一个有11年经验的健身教练的角度来回答这个问题。

事实上，每个人的身体重心都或多或少有些倾斜。每100个人里面恐怕只有一个人是身体重心完全正直的。地球上大部分的人都是右撇子，使用身体右侧较多，而剩下的少部分左撇子则使用身体左侧较多，无论是哪一种撇子，都是会倾向于更多的使用单侧身体。即便是集右撇子与左撇子于一身的人，也很难做到在日常中完全均衡地使用左右身体。不要为自己的重心倾斜而感到奇怪，这其实是一种正常现象。除去患有严重脊柱侧弯的病人，我们大部分人都是可以带着症状正常生活的。如果你仔细观察，就会发现自己穿久了的裤子衣服总会有一边稍长一些，穿久了的鞋子总会有一侧磨损更严重一些，穿裙子的时候中线总是会不知不觉地歪向同一边，这些都是重心倾斜的证据。

如果你仔细观看我的教学示范，就会发现我也是有些重心倾斜的。今年量身定做了一套西服，左边袖子要比右边长出1.5cm，左边裤子也比右边长出1cm。事实上，这种情况已经算是比较严重的重心倾斜了，但我平时根本感觉不到。这很大程度上要归功于运动，一旦我一两个月不运动，就会明显感觉到重心倾斜带来的腰部和颈部疼痛。

做倒立的时候，我也会感到重心倾斜带来的不便，所以至今仍然很难坚持很长时间。那么，为什么很多人明明重心倾斜已经比较严重了，平时却没有任何感觉呢？这是因为我们的身体早就习惯了。所以，我相信总有一天我也能适应在重心倾斜的状况下完成倒立和倒立俯卧撑，哪怕在这个过程中会有无数次失败。

当然，你也可以通过推拿、按摩等治疗手段来改善这个问题。但它们都是治标不治本，除非你有这个财力终生定时去医院，否则复发几乎是不可避免的。事实上，即便是那些脊柱侧弯和腰痛患者，去到医院也总是会被医生一句“多运动”给打发回家了。运动才是最好的治疗方法，它可以加强脊柱和关节周围的肌肉力量，使它们得到更好的保护。很多棒球选手都有肘关节疼痛的毛病，严重的甚至得靠手术来解决，但一般来说，他们都是通过强化疼痛部位的肌肉来改善症状。肌肉强健了，骨骼与关节的问题自然就得到了缓解。

要解决身体力量分布不均的问题，也是同样的道理。事实上要做到身体力量完全均衡，本来就是不可能的事情。而缓解的办法，除了运动还是运动。当你运动的时候，身体自然就会进入努力保持均衡的状态，而比较不发达的一侧自然会付出更多的努力，从而使得左右差距逐渐缩小。要想远离疼痛，就要终生运动。所以，如果你的情况没有严重到需要看医生的程度，就不必过分担心。只要你坚持运动，情况总会有所改善的。但是像保龄球、网球、高尔夫这类单侧运动，如果长时间大量练习，的确是会导致比较严重的不均衡症状。还好我们并非专业选手，而日常生活中的单侧运动并不会导致严重的不均衡问题。所以你就放宽心，好好运动吧！

如何制订适合自己的饮食控制计划？

最近，我收到一个在校住读生的提问——“像我这样住宿舍的话，很难保证每天摄入足够的蔬菜水果，那我只减少食量可以吗？或者完全按照正确指南的食谱来吃可以吗？再或者只运动不控制饮食可以吗？”

这真是一个很具有代表性的问题。让我来逐一解答。

首先，减少食量一定会减重。但至于减掉的是脂肪还是肌肉，就谁也不知道了。如果你的目标仅仅是减重，那么减少食量就可以了。但如果你不配合运动，那么反弹的可能性几乎是100%。

其次，我还真不知道什么是FM食谱。只是，我很好奇一个人真的可以完全按照食谱来进食吗？你如果能够一辈子严格遵循食谱，那固然是好的。但你在生活中难免会碰到公司聚餐、业务应酬、朋友聚会等各种饭局，难道在这些时候你也能按食谱来吃吗？当然不可能了。所以，我认为饮食控制应该采用更灵活一些的办法。比如尽量不要喝酒，不要补充不必要的营养剂和药物，早午餐在正常吃的基础上注意少摄入一些碳水化合物，多摄入一些优质蛋白质。另外，远离加工食物。如果腹部赘肉较多，就不要吃晚饭。如果不胖但希望拥有更漂亮的身材，那就可以吃晚饭，但要以蔬菜和蛋白质为主，且不能过量。如果你坚持两年饮食控制与锻炼并行，自然就会形成符合自己生活习惯且行之有效的饮食方案。只不过，假设你坚持了6个月依然毫无变化，就要好好检查自己的食物选择是不是有问题了。抑或者，你是不是没有好好管住自己的嘴？

最后，假设你不控制饮食，单纯地做运动，的确可以在一定程度上减肥，并获得身材上的积极改变，同时收获健康。但很多人运动之后感觉饥饿，反而会比平时吃得更多，如此一来，脂肪量丝毫没有减少，肌肉量却持续增加，自然就形成了五大三粗的身材。

总而言之，再怎么优秀的健身教练能给你的也只是“建议”而已。

你的生活是你自己的。你的体质是独一无二的。希望你通过实践，去寻找最适合自己的饮食控制办法！

引体向上可以一口气做25个，为什么不能做双立臂动作呢？

这同样是我经常被问到的一个问题。像这种太具体的问题，我一般不在公开场合回答，但既然大家都问到了，我就有必要统一讲讲了。

首先，你真的确定自己的引体向上做标准了吗？你的手臂是在完全伸直之后再向上拉的吗？你所谓的做了25个有多少个是标准动作呢？当然，我得承认我也有错误，那就是不应该在教授引体向上的时候给大家设定一次做20—30个的目标。有的人天生性急，有的人想要逞能，于是为了追求次数而马马虎虎完成动作。说实话，就连我自己如果在手臂完全伸直的情况下慢慢做，也做不到30个。而肌肉UP、倒立俯卧撑这些高难度动作，就更是要等到身体力量达到相当水平之后才能完成了。

让我们以弹簧来作个比喻。没有力量的身体就像细小的弹簧，一按到底也不会急剧反弹。而有力量的身体就像粗大的弹簧，哪怕轻轻一按也会高高弹起。不要迷恋次数，好好把动作做到位吧！慢慢体会运动给身体带来的刺激与积极转变！

『瓶颈』期是怎么回事？如何克服？

“我练习德斯朗已经有一年时间了，现在腹肌线条越来越鲜明，身材也越来越好，但最近似乎进入了‘瓶颈’期，锻炼起来感觉不到进步，也没有什么乐趣了。平板支撑、深蹲、引体向上、波比、杠上、俯卧撑，这些我每天都做，但是次数似乎到达极限了，也没办法进入更高阶的练习。老师，你有经历过‘瓶颈’期吗？如果有的话，你是如何克服的呢？还有，我现在六块腹肌已经很明显了，所以练腹肌没有之前那么拼命了，练起来也越来越没感觉。我在想，我是不是应该把平板支撑换成其他的腹肌运动呢？”

这位同学：首先我要表扬你。你已经坚持运动了一年时间，还练就了六块腹肌，很了不起。但你忘了一件最重要的事情——运动无止境。如果你不给身体更强烈的刺激、去挑战更高难度的动作，你的身体就会安于现状。平板支撑是非常基础的动作。如果你已经运动了一年还在做这种运动，说明你对自己太温柔了。挑战身体极限，是一场自己与自己意志力的对决。当然，你也不必勉强自己去做那些太高难度动作，但你必须有一套进阶练习的方案。另外，也不要急于求成。徒手运动以自身体重为负荷，注定会比器械练起来慢一些。但有一点我可以拍着胸脯向你保证，那就是只要你坚持下去，最起码都可以做到跟我赵诚俊一样！不要着急，一步步慢慢来。除了本书之外，你还可以学习我们网站上不断更新的教学内容。相信我，你一定可以突破“瓶颈”的！

真的有必要斤斤计较卡路里吗？

对于健身和减肥的人来说，食物卡路里是一个十分敏感的话题。但我一直给我的学员强调——纠结于卡路里没有任何意义。因为不管你再怎么严格控制饮食，也不可能算好卡路里再吃东西。最简单的控制卡路里的办法就是减少食量。先试着将食量减少10%，同时坚持运动吧。可别小看这10%，做起来你就会发现没有那么容易。毕竟减少食量的同时还增加了运动量，对刚开始健身的人来说还是很有挑战性的。一般来说，我建议在不感到勉强的前提下，坚持运动与饮食控制并行至少3个月的时间。不要玩命似的节食健身，这样并不会让你快速拥有魔鬼身材。只有逐渐减少食量，再逐渐增加运动量，如此循序渐进，才能找到最适合自己的方法。另外，还有不少人问我刺激性食物与含脂肪食物是否应该完全戒掉。我的回答是也不必。缺少脂肪同样会导致营养不均衡，从而使反弹成为一种必然，甚至还有患上营养失调症和厌食症的危险。要知道很多营养失调患者并非瘦子，而是那些胡乱控制饮食的胖子。

疯狂地吃喝玩乐再疯狂地运动减肥，如此循环往复，只会让你的身体越来越差，逐渐丧失可控性。趁现在还来得及，趁一切还没有变得更糟，赶快打起精神来好好对待你的身体，科学地控制饮食吧！

暴饮暴食之后可以靠有氧运动来补救吗？

每当我的腹部脂肪超过规定范围时，我就会做有氧运动。而平时，我只靠饮食控制来保持体重。一般来说，有氧运动只发挥增强心肺能力与燃烧脂肪的作用。如果你的目的是锻炼腹肌而非增强心肺功能，那么大可以不做有氧运动。但如果你饮食控制没有做到位，或者腹部、臀部有脂肪囤积，就一定要做有氧运动了。注意是一定要做，而不是最好做。那么，假设我今天吃多了，只要做做有氧运动就没关系了吗？这种想法真是太天真了。让我们来看个例子。一杯拉面的热量大约是540k，一个体重80kg的人以每小时7公里的速度快走一个小时，才能消耗掉与之相当的热量。不管你吃了什么，要想靠有氧运动来将其热量完全抵消，都是非常困难的事。当然了，如果你只是通过这种方式来获得心理上的安慰，或者以此保持运动的习惯，倒也无可厚非。

事实上，即便你饮食上很注意，并坚持肌肉运动与有氧运动并行，也不一定能减掉很多脂肪。更别提你完全不控制饮食，仅仅靠运动来瘦身，想要拥有低体脂的好身材简直是痴人说梦。如果你想练成五大三粗的壮汉，倒是极有可能达成目标。这话很难听，却是一句大实话。

究竟是运动重要，还是饮食控制重要？

提到健身和减肥，很多人都会认为运动是第一位，饮食控制是第二位。但实际情况恰恰相反，饮食控制是最重要的，运动倒是其次。

我的早餐一般是三分之一碗糙米饭、紫菜和煎鸡蛋。如果感到今天没什么力气，就会再加100g牛肉。而午饭通常是吃老婆做的糙米炒饭、海鲜炒饭或紫菜包饭——当然几乎是不放酱油的。至于晚餐，则是雷打不动的德斯朗健身沙拉。很多人都对我的健身食谱很好奇，而以上就是答案。

在饮食控制中，最重要的一环就是晚餐了。晚餐一定要吃少，少到可怜就对了。在食材的选择上，以蛋白质与蔬菜为主。当然，如果你想要增加肌肉量的话，也可以适当多吃一些。但如果你的目标是练出六块腹肌，那么就一定要按我说的来。

另外，我大概每两个月会吃一次比萨或方便面。因为这两样是我的最爱。每个星期的星期日是我的休息时间，我几乎除了睡觉什么也不干。自然而然，能量消耗也就特别少。所以，那一天我就只在中午吃一些想吃的东西，然后什么也不吃了。因为我平时本来就吃得不多，所以这样对我来说没有什么难度。

让我简短地总结一下：运动虽然对减肥有所帮助，但绝对无法抵挡过多卡路里的摄入。你可能还想问——究竟怎么吃才是最好的呢？很抱歉，这个问题我无法回答。

每个人的生活环境、饮食习惯、口味都各有不同，我不可能拿出一份万能的减肥菜谱来。但我可以明确告诉你的是——记得始终让自己保持“不太饱、有点饿”的状态就对了。

你应该以此为原则，去尝试各种你认为对的食物，再逐渐制定出属于你的饮食方案。

最后，让我再强调一遍——减肥成功与否，90%取决于饮食控制。运动的作用只不过是让你在减肥的同时拥有更加漂亮的身体曲线。饮食控制为主，运动为辅，才是健身的王道。在你刚开始运动的时候，可以在运动与饮食控制上各花费一半的精力，等1—2年之后你的身材已经有所改善，运动与饮食控制所花的精力比应该转化为2：8。只有这样，你才能始终保持好身材。

真的有百试百灵的饮食控制法和减肥食谱吗？

关于减肥食谱的问题最让我头疼了。就让我反问一次吧：假设我给你制定了一份食谱，你真的会百分百地严格执行吗？恐怕十有八九坚持不到一个星期就放弃了。如果一定要让我用一句话来回答这个问题，我只能说一句我经常说的话："那些不能吃的东西一吃就胖，那些可以吃的东西怎么吃也吃不胖。"

减肥其实很简单。道理大家都懂，无非是要低盐、低碳水、低糖之类的，并没有什么特别。我只不过是按照这些众所周知的原则来进食罢了。每当你抵挡不住美食诱惑的时候，不妨提醒自己——享受了舌尖美味与饱腹快感之后，随之而来的就是脂肪的堆积。如果你依然选择拥抱美食，那么你的六块腹肌就会永远被掩盖在厚重的脂肪层之下。

我和我的妻子总是在饿肚子。我们只在早上吃碳水化合物，中午吃得更少，到了晚上简直少得可怜——一点鸡胸肉、一点牛肉再加上一把蔬菜就是全部。但事实上，我最爱的食物是比萨，我妻子最爱的食物是炸鸡。我们怎么能忍住不吃呢？当然不能了，吃还是要吃的。但是，我们吃得很节制。只有在我们达成一个阶段的运动目标时，才会奖励自己美餐一顿。

我的妻子并非健身专业人士。一开始，她根本不信饮食控制这套理论，吃了一番苦头之后才彻底悔悟。现在，她不需要任何人的督促也能自觉做好饮食控制了，甚至比我做得还要好。因为，她已经尝到好身材带来的美好感受了。

你为什么会吃那些爱吃的东西呢？因为你尝过，知道它们好吃。你的舌头与头脑记住了那些美妙滋味，并提醒你一再去找回。

而好身材绝对是能让你尝过之后就再也忘不了的绝世美味，它值得你用一生的时间去追寻。

不要再羡慕别人了，开始行动吧，就从此刻开始。最终，你对好身材的眷恋将战胜你对美食的想念。

只需要一年时间，你就足够拥有一副再也舍不得丢弃的好身材了。你大吃大喝够了吗？如果够了，就开始饮食控制吧，一年之后，你将为自己的改变而骄傲。